T0197087

essentials liefern aktuelles Wissen in konzentrierter Form. Die Essenz dessen, worauf es als „State-of-the-Art" in der gegenwärtigen Fachdiskussion oder in der Praxis ankommt. *essentials* informieren schnell, unkompliziert und verständlich

- als Einführung in ein aktuelles Thema aus Ihrem Fachgebiet
- als Einstieg in ein für Sie noch unbekanntes Themenfeld
- als Einblick, um zum Thema mitreden zu können

Die Bücher in elektronischer und gedruckter Form bringen das Expertenwissen von Springer-Fachautoren kompakt zur Darstellung. Sie sind besonders für die Nutzung als eBook auf Tablet-PCs, eBook-Readern und Smartphones geeignet. *essentials:* Wissensbausteine aus den Wirtschafts-, Sozial- und Geisteswissenschaften, aus Technik und Naturwissenschaften sowie aus Medizin, Psychologie und Gesundheitsberufen. Von renommierten Autoren aller Springer-Verlagsmarken.

Weitere Bände in der Reihe http://www.springer.com/series/13088

Wolfram Schön

Vertrauensorientiertes Projektmanagement

Top-10-Erfolgsfaktoren für Projekte und Veränderungsprozesse

 Springer Gabler

Wolfram Schön
DSC HealthCare Managementberatung
Wiesbaden, Deutschland

ISSN 2197-6708   ISSN 2197-6716   (electronic)
essentials
ISBN 978-3-658-30617-5   ISBN 978-3-658-30618-2   (eBook)
https://doi.org/10.1007/978-3-658-30618-2

Die Deutsche Nationalbibliothek verzeichnet diese Publikation in der Deutschen Nationalbibliografie; detaillierte bibliografische Daten sind im Internet über http://dnb.d-nb.de abrufbar.

Planung/Lektorat: Irene Buttkus
Springer Gabler ist ein Imprint der eingetragenen Gesellschaft Springer Fachmedien Wiesbaden GmbH und ist ein Teil von Springer Nature.
Die Anschrift der Gesellschaft ist: Abraham-Lincoln-Str. 46, 65189 Wiesbaden, Germany

„Für meine Eltern"

Was Sie in diesem *essential* finden können

- Eine Herleitung, warum Vertrauen die Schlüsselkompetenz erfolgreicher Organisationen ist.
- Sie erhalten einen Einblick, warum IT-, Reorganisations- und Veränderungsprojekte scheitern und was getan werden kann, dies zu verhindern.
- Eine grundlegende Darstellung, welche Aspekte Vertrauen konkret entstehen lassen.
- Sie erhalten einen konkreten Plan, die TOP-10-ERFOLGSFAKTOREN, wie Projekte vertrauensorientiert zum Erfolg geführt werden können.
- Praxisrelevante Impulse zur erfolgreichen Planung des Projekterfolges.

Vorwort

Vertrauen ist ein wichtiger ökonomischer Faktor, und die Fähigkeit Vertrauen, aufzubauen, gilt als eine der Schlüsselkompetenzen in der Wirtschaft. Vertrauen ist eine zentrale Voraussetzung und ein zentrales Merkmal der erfolgreichen Gestaltung von Beziehungen im geschäftlichen Kontext.

Veränderungsprozesse sind für die wirtschaftliche Entwicklung jedes Unternehmens von übergeordneter Bedeutung. Dennoch sind die „Failure Rates" in IT-, Reorganisations- und Veränderungsprojekten bedenklich hoch. Die Gründe für das Scheitern sind vielschichtig, und es steht fest, dass selbst ein handwerklich gutes Projektmanagement heute allein nicht mehr ausreicht, um ein Projekt sicher zum Erfolg zu führen.

Das Thema „Vertrauen" spielt eine zunehmend wichtiger werdende Rolle, und verschiedene Autoren sehen es gar als Erfolgsfaktor für gelingendes Projektmanagement. Ich gebe zu, zu dieser Gruppe gehöre ich inzwischen auch.

„Vertrauen ist der Schlussstein
in Veränderungsprozessen."

Der Ansatz „Die Physik des Vertrauens" setzt sich konsequent und praxisorientiert mit dem Prozess der Vertrauensbildung auseinander. Auf Basis der genutzten Literatur und eigener Erfahrungen werden die „TOP-10-ERFOLGS-FAKTOREN" auf dem Weg zu mehr Erfolg in Projekten und Veränderungsprozessen „extrahiert".

Wie können Projekte und Veränderungsprozesse durch eine Vertrauensorientierung erfolgreicher gemacht werden? Das ist die Kernfrage, die beantwortet wird und darin liegt der Nutzen für den Leser.

Wolfram Schön

Inhaltsverzeichnis

Über den Autor

Dr. Wolfram Schön ist Physiker, Organisations- und Wirtschaftspsychologe (M.A.), ehemaliger Leistungssportler und blickt auf mehr als 25 Jahre in der Industrie und in der Beratung zurück. Er ist Vortragsredner, Executive Coach und Managementberater.

In der Managementberatung konzentriert er sich auf die Themen Strategieentwicklung, Prozessoptimierung und unterstützt Firmen dabei, IT-Projekte und Veränderungsprozesse vertrauensorientiert umzusetzen. Daneben führt er für Unternehmen die Gefährdungsbeurteilung psychischer Belastungen durch und beschäftigt sich intensiv mit dem Thema Employer Branding.

Das Thema „Die Physik des Vertrauens" adressiert er in Impulsgesprächen und Vorträgen.

Weitere Bücher:

- Erfolgsfaktor Eigenpositionierung (Verlag Springer Gabler)
- Vertrauen, die Führungsstrategie der Zukunft (erscheint 2020 im Verlag Springer Gabler)

Dr. Wolfram Schön
DSC Healthcare Managementberatung
www.dsc-hcmb.de
info@dsc-hcmb.de

Vertrauen siegt immer

Vertrauen ist eine wichtige Grundlage für das Zusammenleben und eine Grundvoraussetzung für die erfolgreiche Gestaltung sozialer Interaktion in nahezu jedem Kontext. Das Ausmaß des gegenseitigen Vertrauens wird gerade auch im geschäftlichen Miteinander als ein Indikator für dessen Qualität wahrgenommen.

In diesem Kapitel versucht der Autor eine Annäherung an die Begrifflichkeit, erläutert die Relevanz für die Wirtschaft und erklärt, warum ohne eine Vertrauensorientierung Veränderungs- und IT-Projekte häufig scheitern. Das Thema „Vertrauen" wird zunehmend als relevanter Faktor wahrgenommen, wenn es um den Erfolg in der Durchführung und Implementierung von Projekten geht.

Menschliches Leben und Arbeiten basieren auf dem Funktionieren von Gemeinschaften. Schon in frühester Zeit entstanden Gruppen von Menschen, und in jeder Gruppe gibt es unterschiedliche Rollen und unterschiedliche Ausprägungen körperlicher Stärke. Was schützt den Schwächeren nun vor dem Stärkeren? Das verbindende Element war schon immer ein gemeinsames Interesse, zum Beispiel der Schutz vor Feinden oder die Erkenntnis, dass Überleben in einer Gruppe leichter ist als alleine. Das damit verbundene Vertrauen, dass ein anderer im gemeinsamen Interesse handelt, ist zentrales Element im menschlichen Miteinander. Ohne ein hohes Maß an Vertrauen sind weder Gesellschaften denkbar, noch ist eine konstruktive Zusammenarbeit im beruflichen Alltag möglich.

1.1 Definition – was ist Vertrauen?

Wahrhaftigkeit, Redlichkeit, gemeinsames Interesse, Respekt, Integrität: alles Aspekte, die Menschen nennen, wenn sie nach dem Begriff Vertrauen gefragt werden. Auch die Wissenschaft kennt keine eindeutige Definition, denn durch den starken Einfluss auf das menschliche Verhalten ist Vertrauen Gegenstand vieler wissenschaftlicher Fächer wie der Psychologie, Soziologie und auch der Wirtschaftswissenschaft.

Vertrauen kann entstehen, wenn es zu einem Zusammentreffen von zwei Personen kommt. Hierbei können zwei Personen, zwei Personengruppen, Organisationen, Unternehmen, Parteien oder auch Staaten gemeint sein. Selbst unser Wirtschaftssystem, die soziale Marktwirtschaft, hat sich in diesem Sinne zu beweisen. Wenn zum Beispiel Bürger das Gefühl haben, dass sich die Balance der beiden Komponenten „sozialer Ausgleich" und „Freiheit der Märkte" zuungunsten der Komponente „sozialer Ausgleich" verschiebt, handeln die Wirtschaft und die Arbeitnehmerschaft nicht mehr im gemeinsamen Interesse – eine Vertrauenskrise ist die mögliche Konsequenz.

Die nachfolgende Definition wurde vom Autor auf der Basis interaktionistischer, persönlichkeits- und verhaltensorientierter Ansätze sowie einer Definition der Wirtschaftspsychologischen Gesellschaft (WGPS 2020) entwickelt. Die resultierende überarbeitete Definition lautet: „Vertrauen ist die Zuversicht, dass ein anderer berechenbar im gemeinsamen Interesse handelt" (Schön 2020a).

Welche Kernelemente sind darin enthalten? Die Interaktion zwischen zwei Partnern wird durch die Begrifflichkeit „ein anderer" eingebracht. Wobei bewusst nicht von einem anderen Menschen gesprochen wird, denn wie oben erläutert, kann sich Vertrauen auch zu bzw. zwischen Organisationen aufbauen. Der sprachlich gut greifbare Aspekt des „gemeinsamen Interesses" ist ebenfalls enthalten. Jeder Partner kann eigene Interessen haben. Doch die auf die Gruppe oder die Interaktion bezogenen gemeinsamen Interessen sollten dieselben oder zumindest nicht konkurrierende Ziele sein. Nur dann entsteht ein auf ein Ziel gerichtetes gemeinsames und vertrauensbasiertes Handeln. Die Beschreibung enthält auch den Aspekt der „Berechenbarkeit". Ein berechenbares Verhalten befriedigt das psychische Grundbedürfnis nach Sicherheit. Wenn jemand berechenbar ist, impliziert dies, dass keine plötzlichen, nicht vorhersehbaren Dinge geschehen. Die Berechenbarkeit signalisiert, dass der Interaktionspartner nicht sprunghaft sein Verhalten an sich plötzlich bietende andere Interessen anpasst, sondern eben berechenbar im Sinne des gemeinsamen Interesses handelt.

> **„Vertrauen ist die Zuversicht,**
> **dass ein anderer berechenbar im gemeinsamen Interesse handelt."**

Das Wort „Zuversicht" ist das zweite Kernelement der Definition und steuert zwei Aspekte bei: den der Ungewissheit wie auch den eines positiven Zukunftsbildes. Die Zuversicht wird vom Duden (Dudenredaktion 2020) wie folgt definiert: „festes Vertrauen auf eine positive Entwicklung in der Zukunft, auf die Erfüllung bestimmter Wünsche und Hoffnungen". Wortsynonyme sind unter anderem Glaube,

Heiterkeit, Hoffnung, Lebensbejahung, Optimismus, Zutrauen und Zukunftsglaube. Die Ungewissheit ist aber ebenfalls ein Aspekt der Zuversicht, denn Vertrauen steht immer auch unter „Missbrauchsvorbehalt". Das bedeutet, dass etwas, was man mit Zuversicht und einem positiven Gefühl angeht, sich nicht unbedingt auch erfüllen muss. Dies entspricht der Realität, und es besteht immer eine Wahrscheinlichkeit, dass Vertrauen vom „Vertrauensnehmer" missbraucht wird. Genau aus diesem Grund fällt es vielen Menschen schwer zu vertrauen. Häufig höre ich bei Diskussionen zum Thema vertrauensorientierte Führung den Einwurf: „Ich kann doch nicht uneingeschränkt vertrauen. Dann passieren doch Fehler!" Es ist sofort zu erkennen, wie stark hier das Thema Misstrauen im Kopf verankert ist. Meine Entgegnung lautet dann häufig: „Wenn Sie misstrauen, entstehen also keine Fehler? Ich kann Ihnen nicht sagen, ob mehr oder weniger Fehler entstehen, wenn Sie vertrauen. Doch wenn man Vertrauen klar und unmissverständlich bekundet, dann erntet man Dynamik, Motivation und ein starkes Engagement, und das dem anderen entgegengebrachte Vertrauen kommt vielfach gespiegelt zurück."

Fazit
Vertrauen wird in einer Vielzahl wissenschaftlicher Disziplinen diskutiert. Sie entsteht in der Interaktion zwischen zwei Partnern und wenn von ihnen Aspekte wie Wahrhaftigkeit, Redlichkeit, gemeinsames Interesse, Respekt und Integrität gelebt werden.

1.2 Wo steht das Thema „Vertrauen" in der Wirtschaft?

Im betrieblichen Alltag stehen die Steigerung der Prozesseffizienz, die Senkung von Kosten und die Erhöhung der Wettbewerbsfähigkeit auf der To-do-Liste nahezu jedes Unternehmens. Um diese Ziele zu erreichen, werden intern Schlagwörter wie Transformation, Reorganisation, Outsourcing, Digitalisierung und Agilität verbreitet, ohne die Folgen zu berücksichtigen. Nicht selten entsteht dabei in der Belegschaft Angst, denn Begriffe werden nicht erläutert, unternehmerische Ziele sind oftmals unklar, und ohne die Gesamtzusammenhänge zu kommunizieren, wird hinter verschlossenen Türen getagt. Wer jetzt glaubt, dass dieses Projekt, dieser Veränderungsprozess oder die Einführung einer neuen Software ein Erfolg wird, dem rufe ich gerne zu: „Es könnte schwierig werden!"

Wenn es um Hochleistung in High-Performance-Teams geht, ist das Wort Vertrauen allgegenwärtig. Vertrauen ist etwas, was jeder kennt und jeder schätzt. Dabei kommt Vertrauen eine entscheidende Rolle für das Gelingen zwischenmenschlicher Interaktion zu, stärkt es doch die Bindung, Harmonie und Einigkeit. Vertrauen wird in vielen Zitaten als harter Erfolgsfaktor wirtschaftlichen Handelns beschrieben.

„Erfolg ist ohne Vertrauen nicht möglich. Das Wort ‚Vertrauen' umfasst
alles, was wir brauchen, wenn wir Erfolg haben wollen."
(Jim Burke, ehemaliger CEO von Johnson & Johnson)

„Vertrauen ist die essenzielle Basis
jeder ökonomischen Beziehung." (Rolf van Dick, Universität
Frankfurt)

Vertrauen ist eine wichtige Grundlage gemeinsamen, abgestimmten Handelns
und gilt als der beste Kitt sozialer Beziehungen, im privaten wie im betrieblichen
Umfeld. Dennoch scheint es um das Thema Vertrauen nur bedingt gut zu stehen.
Drei Viertel der deutschen Bevölkerung misstrauen politischen Parteien, 67 %
der Deutschen misstrauen Banken und 72 % misstrauen großen Wirtschaftsunter-
nehmen. „Vertrauenskrise" ist das alarmierende Schlagwort, mit dem Robert
Grimm von Ipsos Public Affairs (Grimm 2018) in der Pressemitteilung zur Studie
„Vertrauen, Populismus und Politikverdrossenheit" die aktuelle politische Kultur
in Europa beschreibt.

Das Edelman Trust Barometer 2020 (Edelman 2020) untersucht seit 20 Jahren
jährlich das Vertrauen der Bevölkerung von insgesamt 28 Staaten in die vier
Bereiche Regierung, Nichtregierungsorganisationen (NGOs), Wirtschaft und
Medien. Im Executive Summary der Studie schreiben die Verfasser: „Menschen
halten keine der vier großen gesellschaftlichen Institutionen Regierung, Wirtschaft, Medien, NGO für gleichzeitig ethisch und kompetent. Mehr als zwei
Drittel trauen den führenden Köpfen in Deutschland nicht zu, künftige Herausforderungen erfolgreich zu bewältigen. Die Menschen suchen Antworten auf die
Herausforderung der Klimakrise, der Digitalisierung und eines sich wandelnden
Arbeitsmarkts." Und weiter: „Der direkte Arbeitgeber bleibt für viele Menschen
der vertrauenswürdigste Partner und ganz besonders CEOs sollte dies motivieren,
sich zu positionieren. Zu zeigen, dass sie gut sind in dem was sie tun, dass sie
mit Fairness und Glaubwürdigkeit überzeugen können und sich als Innovations-
treiber für die Gesellschaft einsetzen." Das eigene Unternehmen als vertrauens-
würdigster Partner ist ein schönes und Hoffnung machendes Ergebnis. 75 % der
Arbeitnehmer haben weltweit Vertrauen in ihren Arbeitgeber. In Deutschland
sind es 73 %. Mit Blick auf die weltweiten Spitzenreiter Indonesien und China
(89 und 86 %) sowie in der westlichen Welt die Niederlande und die USA (82
bzw. 80 %) wird deutlich, dass es für deutsche Firmen noch Luft nach oben gibt.
Das Zustandekommen von Vertrauen ist nach dem Edelman Trust Barometer
ganz eindeutig an die Erfüllung der an das Unternehmen gestellten Erwartungen
gekoppelt. Je höher der Erfüllungsgrad der Mitarbeitererwartungen, desto höher
ist der Wert des Mitarbeitervertrauens.

Diese positive Haltung spiegelt sich dagegen kaum in dem „Engagement Index Deutschland" des Markt- und Meinungsforschungsinstituts Gallup wider. Die Ergebnisse der Studie aus dem Jahr 2018 (Nink 2019) zeigen, dass nur 15 % der deutschen Beschäftigten eine hohe emotionale Bindung zu ihrem Unternehmen empfinden. 14 % fühlen keinerlei emotionale Bindung und haben innerlich gekündigt. 71 % der Beschäftigten geben an, eine geringe emotionale Bindung zu ihrem Unternehmen zu haben. Fehlendes Engagement und eine geringe emotionale Bindung haben weitreichende Konsequenzen für Unternehmen. In der zitierten Studie wird der volkswirtschaftliche Schaden aufgrund innerer Kündigung für das Jahr 2018 mit einer Summe zwischen 77 und 103 Mrd. Euro abgeschätzt. Demgegenüber wirkt sich eine hohe Bindung positiv auf den Unternehmenserfolg (Nink 2019) aus, denn sie erhöht die Leistungsfähigkeit der Mitarbeiter und des gesamten Unternehmens (Rentabilität: +21 %, Produktivität: +21 %, Qualitätsmängel: -41 %).

Fazit
Vertrauen hat in der Wirtschaft einen hohen Stellenwert für das Gelingen zwischenmenschlicher Beziehungen und für die Zusammenarbeit in Projekten, Prozessen und im Führungskontext. Vertrauen erzeugt emotionale Bindung von Mitarbeiterinnen und Mitarbeitern zum Unternehmen und zur Führungskraft. Vertrauen erhöht damit über das Vehikel „Bindungswirkung" die Rentabilität, die Produktivität und reduziert Qualitätsmängel (Nink 2019) in Unternehmen. Wie der zitierte Jim Burke es sagt: „Das Wort ‚Vertrauen' umfasst alles, was wir brauchen, wenn wir Erfolg haben wollen."

1.3 Veränderungsprozesse und Projekte: Ist ein Scheitern vorprogrammiert?

Die Anpassung an neue Bedingungen ist überlebensnotwendig für den Menschen. Die Anthropologie geht aktuell davon aus, dass sich der moderne Mensch deshalb gegenüber den vier anderen Arten, z. B. den Neandertalern, durchsetzte, weil er sich besser an neue Umweltbedingungen anpassen konnte. Veränderungen sind natürlich auch für Unternehmen von großer Bedeutung für den wirtschaftlichen Erfolg. Es gilt sich immer wieder dem Wettbewerb zu stellen und durch den Einsatz neuer Technologien, Methoden oder Managementansätze die Wettbewerbsfähigkeit zu sichern. In der Covid-19-Krise mussten viele Unternehmen und Branchen komplett umdenken. Die Themen Homeoffice und Online-Konferenzen waren plötzlich nicht mehr Wunsch von einzelnen Mitarbeiterinnen und Mitarbeitern, sondern notwendige Tools zur Aufrechterhaltung der Geschäftstätigkeit bei gleichzeitigem Einhalten der Vorgaben zur sozialen Distanzierung. Kurzum, Anpassungs- und Veränderungsprozesse sind essenziell für die Entwicklung von Organisationen und Unternehmen.

Dabei dürfen die Mitarbeiter in ihrer Veränderungsbereitschaft nicht unterschätzt werden. Die rationale Einsicht, Veränderungen durchführen zu müssen, ist in der Gesellschaft wie in Unternehmen durchaus gegeben. Doch wenn es an die Implementierung einer modernen Software, KI-gestützter Prozesse oder um die Umsetzung von Innovationsprojekten geht, tun sich Menschen schwer, denn jetzt muss der Mitarbeiter oder die Mitarbeiterin sich von gewohnten Abläufen verabschieden und muss diese durch andere ersetzen. Gründe für die niedrige „konkrete Veränderungsbereitschaft" gibt es einige. Die aus meiner Sicht wichtigsten drei sind: 1) **Ängste,** neue Erwartungen nicht befriedigen zu können und dadurch im Unternehmen abgehängt zu werden. Unterstützt wird diese Angst durch die Tendenz vieler Menschen, eher die Risiken als die Chancen wahrzunehmen. 2) Gefühle und **Befürchtungen,** dass durch die Veränderungen oder die neue Technologie ein persönlicher Nachteil entsteht. 3) **Glaubenssätze** wirken häufig wie ein Treibanker auf das Verhalten von Menschen, gerade wenn es um Veränderung geht. Glaubenssätze sind Überzeugungen, die tief im Unterbewusstsein verankert sind und die Eigenwahrnehmung stark beeinflussen. Sie werden wieder und wieder gedacht und werden damit zu einer persönlichen Wahrheit.

Doch unabhängig davon, welche Hürden im Projektablauf auftauchen, die Projektumsetzung stockt, verzögert sich Monat um Monat, und dem Projekt droht das Scheitern. Eine Katastrophe nicht nur für den Projektleiter, sondern für das gesamte Unternehmen, denn wichtige Optimierungen können nicht oder nur teilweise realisiert werden.

Um eine faktische Basis zu erhalten, haben verschiedene Autoren untersucht, wie häufig Projekte die gesteckten Ziele erreichen bzw. wie häufig ein Scheitern zu verzeichnen war. Eine Frage, der sich auch Kriegesmann (2013) stellte. In einer branchenübergreifenden Querschnittserhebung analysierte er 286 Veränderungsprozesse in Bezug auf die Ergebnisse und die Auswirkungen der durchgeführten Reorganisationen. Abb. 1.1 stellt die Ergebnisse dar.

Besonders auffällig war die Diskrepanz zwischen der offiziellen Einschätzung der Unternehmen und den Ergebnissen der wissenschaftlichen Analysen. Von offizieller Seite wurden 90 % der Reorganisationsprojekte mit dem Prädikat „erfolgreich" bewertet. Die Detailanalyse der Studie lieferte aber folgendes Bild: Bei 54 % der Mitarbeiter fanden die Ergebnisse der Reorganisation keine

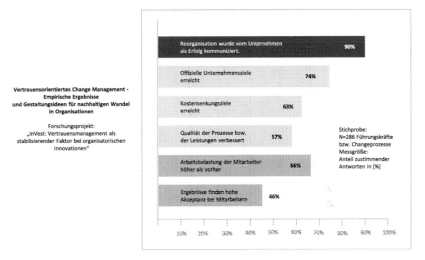

Abb. 1.1 Beurteilung der Ergebnisse und Auswirkungen von Reorganisationen. (Quelle: nach Kriegesmann 2013 in eigener Darstellung)

Akzeptanz. 66 % nahmen nach der Reorganisation eine gesteigerte Arbeitsbelastung wahr. In nur 63 % der Projekte wurden die Kostensenkungsziele erreicht und eine Verbesserung der Prozessqualität wurde in lediglich 56 % der untersuchten Projekte erkannt.

Auch CRM-Projekte sind in Bezug auf den Umsetzungserfolg gut untersucht, denn viele Unternehmen stellen die Frage nach der Rentabilität der implementierten CRM-Software (CRM = Customer Relationship Management).

Trotz der vermeintlich einfachen Projektumsetzung, der etablierten und ausgereiften Software, wie zum Beispiel Salesforce, SAP und Microsoft, berichten Studien von einer hohen Anzahl an gescheiterten CRM-Projekten. Abb. 1.2 zeigt das Resultat einer Studie (Hildebrand 2015), die die Ergebnisse diverser anderer Studien in einer Grafik zusammenfasst. Es ist festzustellen, dass bis zu 70 % der betrachteten CRM-Projekte scheitern.

Viele Reorganisations-, Veränderungs- und IT-Projekte erreichen die gesteckten Ziele nicht oder nur zum Teil. In dem Artikel „Ohne Vertrauen drohen CRM- und Change-Projekte zu scheitern" (Schön 2020b) wurden Gründe für das Scheitern von Projekten benannt, die im Zusammenhang mit dem Thema „Vertrauen" stehen. Ich zitiere:

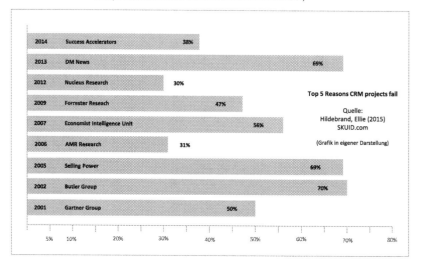

Abb. 1.2 Analyse gescheiterter CRM-Projekte nach Hildebrand. (Quelle: nach Hildebrand 2015 in eigener Darstellung)

- Überbewertung von Technologie als „der" Lösungsansatz
- überpositive Darstellung der erreichbaren Ziele
- Nichtbeachten der Tatsache: **Viele IT-Projekte sind in Wirklichkeit Kulturprojekte**
- Überschätzung der Veränderungsbereitschaft in Unternehmen
- fehlende Analysen bezüglich der Auswirkungen der Veränderungen auf die Belegschaft
- Projektplanung hinter verschlossenen Chefbüro-Türen
- wenig oder keine Einbindung von Betroffenen
- unklare Ziele bzw. Nutzenaspekte
- Vermutung von „verborgenen Zielen" und nicht ausgesprochenen Absichten der Verantwortlichen
- Nichtberücksichtigung der Erfahrungen mit früheren Veränderungsprozessen, die zu potenziellen Widerständen führen können
- Nichtberücksichtigung psychologischer und emotionaler Aspekte, wie z. B. Ängste der Belegschaft vor Veränderungen

Kriegesmann (2013) widmete sich auch der Frage nach dem Einfluss des Themas „Vertrauen" auf den Projekterfolg. Sein Resümee: „Das Thema Vertrauen spielt eine wichtige Rolle in Change- und Implementierungsprozessen." Weiter stellte er fest, dass es auch nach einem erfolgreichen Projektabschluss zu negativen Auswirkungen kommen kann, wenn die Projektkommunikation weder offen stattfand noch Beteiligte einbezogen wurden. Dabei benennt er folgende drei Auswirkungen: 1) Verringerung der Mitarbeiterbindung, 2) eine steigende Fluktuation von Leistungsträgern nach dem Abschluss des Veränderungsprozesses und 3) eine Verringerung des Vertrauens in das Management. Auch benennt er Aspekte, die sich als besonders vertrauensschädigend auf einen Veränderungsprozess auswirken:

- Widersprüche zwischen Worten und Taten (wahrnehmbare oder fühlbare Widersprüche)
- mangelnde Ansprechbarkeit und geringe Zuverlässigkeit in der Einhaltung von Zusagen durch Projektmanagement und Geschäftsleitung
- keine oder wenig Transparenz bezüglich der Projekte und des Projektablaufes
- mangelnde Benennung von Nutzenaspekten
- fehlende Reife der Veränderungskonzepte und wenig durchdachte Umsetzungsschritte
- mangelnde Einbindung von Betroffenen

Fazit

Die Anpassungsfähigkeit an sich verändernde Umweltbedingungen ist für jede Spezies von entscheidender Bedeutung für das Überleben. Im wirtschaftlichen Kontext sind Veränderungsprozesse und die erfolgreiche Implementierung von neuen Technologien und Arbeitsmethoden für die erfolgreiche Entwicklung jedes Unternehmens von übergeordneter Bedeutung. Dennoch scheitern in der betrieblichen Realität viele IT-, Reorganisations- und Veränderungsprojekte. Die Gründe dafür sind vielfältig. Die Realität zeigt aber täglich, dass selbst handwerklich gutes Projektmanagement alleine nicht mehr ausreicht, um ein Projekt sicher zum Erfolg zu führen. Nach Hildebrand (2015) scheitern rund 30 bis 70 % der betrachteten CRM-Projekte. Das Thema „Vertrauen" spielt eine zunehmend wichtige Rolle, wenn es um den Erfolg in der Durchführung und Implementierung von Projekten geht.

Projektmanagement und Vertrauen

2

In diesem Kapitel findet eine Auseinandersetzung mit dem Systemvertrauen und dessen Wirkung auf die erfolgreiche Durchführung von Projekten statt. Auf Basis des 7-Phasen-Modells der Veränderung nach Lewin (1947) wird erläutert, warum es wichtig ist, Vertrauen im Unternehmen so früh wie möglich aufzubauen und Veränderungen durch Projekte und Veränderungsprozesse im Unternehmen wirken zu lassen – um eben einen neuen Stabilitätszustand zu erreichen. Der Autor benutzt die Analogie zu einem Torbogen und sagt: „Vertrauen ist der Schlussstein in Veränderungsprozessen." Im zweiten Teil werden zwei Möglichkeiten dargestellt, wie Systemvertrauen und interpersonales Vertrauen „gemessen" werden können.

2.1 Vertrauen frühzeitig aufbauen – Veränderungen wirken lassen

Nach Jones ist Vertrauen (Jones 1998) eine zentrale Variable für den Aufbau und für die Stabilität von leistungsbereitem und erfolgreichem Handeln in Organisationen. Currall (1995) geht in seinen Ausführungen noch einen Schritt weiter. Er schreibt: „Es ist davon auszugehen, dass bei einem Mangel an Vertrauen eine hohe Wahrscheinlichkeit des Scheiterns von organisationalen und interpersonalen Kooperationen besteht." Fechtner stellt in seinem Artikel (Fechtner 2013) einen direkten Zusammenhang zwischen interpersonalem Vertrauen und Veränderungsprozessen her: „Wenn interpersonales Vertrauen zwischen Mitgliedern einer Organisation fehlt und nur geringes Vertrauen in die Organisation herrscht (Systemvertrauen), ist die Voraussetzung für eine

© Der/die Herausgeber bzw. der/die Autor(en), exklusiv lizenziert durch
Springer Fachmedien Wiesbaden GmbH, ein Teil von Springer Nature 2020
W. Schön, *Vertrauensorientiertes Projektmanagement*, essentials,
https://doi.org/10.1007/978-3-658-30618-2_2

11

erfolgreiche Umsetzung von Veränderungsprozessen, gerade auch in radikalen Veränderungen wie der Digitalisierung von Geschäftsmodellen und in Arbeitsstrukturveränderungen, nicht gegeben."

Begriffsbildung:

Interpersonales Vertrauen	Vertrauen zwischen zwei Personen
Organisationales Vertrauen	Vertrauen einer Person in ein System (Systemvertrauen)
Organisationsvertrauen	Vertrauen einer Organisation in eine Person
Interorganisationales Vertrauen	Vertrauen zwischen zwei Organisationen

Daraus abgeleitet ergibt sich aus meiner Sicht ein klares Bild: Gelungene Veränderungsprozesse und erfolgreiche Projekte gründen auf einem stabilen Fundament von interpersonalem und organisationalem Vertrauen. Auf dieser Basis ist es nachvollziehbar, warum im Vorfeld jedes Veränderungsprozesses neben der Analyse der Veränderungsbereitschaft der Organisation frühzeitig auch das Vertrauen in die Organisation und die Top-Führungskräfte (CEO, Aufsichtsrat, Eigentümer) erhoben und gegebenenfalls entwickelt werden sollte. Das Thema Vertrauen hat einfach eine zu große Bedeutung für das Gelingen von Veränderungsprozessen, als dass man es unberücksichtigt lassen könnte. Um in einer Metapher zu sprechen: Vertrauen hat eine ähnliche Bedeutung für das Gelingen von Veränderungsprozessen wie ein Schlussstein für die Tragfähigkeit eines Torbogens.

„Vertrauen ist der Schlussstein in Veränderungsprozessen."

Wenn sich kein Vertrauen in den Wandel oder die Veränderung einstellt, rückt die Akzeptanz neuer Software, digitaler Prozesse, neuer Strukturen und innovativer KI-Projekte in weite Ferne. Aus meiner Sicht gibt es zwei sich durchaus beeinflussende Ansätze, wie Veränderungsprozesse und Projekte in ihrem Outcome positiv beeinflusst werden können:

1. Vertrauen aufbauen, so früh wie möglich und auf allen Ebenen
2. Change wirken lassen!

1. Vertrauen aufbauen, so früh wie möglich und auf allen Ebenen
Selbstverständlich ist für das Gelingen von Projekten ein kompetentes und strukturiertes Projektmanagement unabdingbar. Viele Projektverantwortliche akzeptieren die „7 Phasen von Veränderungsprozessen" (Abb. 2.1), die in Lehrbüchern zu finden sind. Gleichzeitig wird damit aber auch das dramatische

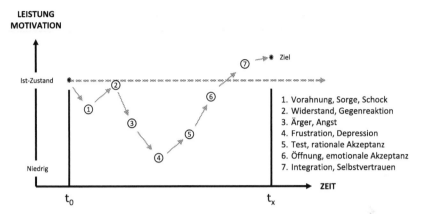

Abb. 2.1   7-Phasen-Modell der Veränderung in eigener Darstellung. (Quelle: in eigener Darstellung)

Ansteigen von Verunsicherung im Unternehmen mit einem Absturz der Individual- und Teamleistungen in Unternehmen quasi „in Kauf genommen".

Kann Vertrauen wirklich der Schlüssel sein, diese Verlaufskurve zu verändern, und ist ohne Berücksichtigung des Themas Vertrauen ein Projekterfolg gefährdet? Ich glaube, zu einem beträchtlichen Anteil: ja. Folgende Aspekte sind aus Autorensicht für den Projekterfolg von großer Bedeutung. Die einzelnen Kriterien sind entsprechend der Wirkung auf das Systemvertrauen (SV) bzw. das interpersonale Vertrauen (IV) gekennzeichnet:

- **Ansprechbarkeit** der Top-Führungskräfte für Stakeholder und Betroffene sichern (SV)
- **Kompetenz** in Bezug auf die Qualität und Klarheit der Konzepte (SV)
- gezielte, stabile, kontinuierliche, adressatengerechte und vorausdenkende **Kommunikation** (inkl. Berücksichtigung potenzieller Probleme) (SV)
- Fähigkeit, potenzielle **Missverständnisse** in der Belegschaft zu erkennen (SV)
- nachvollziehbare, verständliche **Ziele und Absichten** kommunizieren (SV)
- verborgene Absichten **(Hidden Agenda)** vermeiden (SV)
- **Einbeziehung** aller Gruppen von Stakeholdern (aller Ebenen) (SV)
- **Feedback** einholen und ernsthaft in der Projektplanung berücksichtigen (SV)
- **Ängste** von Betroffenen wahrnehmen und adressieren (SV)
- Projektteams in Bezug auf die Themen Vertrauen/Vertrauensbildung schulen (SV)
- Projektteams um einen „**Trustholder**" erweitern (SV)
- **Transparenz** über den gesamten Prozess hinweg herstellen

(Ziele und Nutzen realistisch darstellen) (SV-IV)
- **Zuverlässigkeit, Ehrlichkeit** und Einhaltung von Zusagen gewährleisten (SV-IV)
- **Arroganz** gegenüber den „vermeintlichen Blockierern" ablegen (IV)
- offene Kommunikation positiver wie negativer **Konsequenzen** (IV)

Vertrauen ist aus meiner Sicht der zentrale Erfolgsfaktor im Spannungsfeld „Führungsverhalten & Projekt- und Change-Erfolg". Es ist deshalb ratsam, das Thema Vertrauen frühzeitig in jedem Projekt zu berücksichtigen und nicht erst dann, wenn es gebraucht wird. Es gilt eine belastbare Vertrauenskultur in der Organisation, in der Führungskommunikation und im kollegialen Umgang zu einer Selbstverständlichkeit werden zu lassen. Ob es einen „Trustholder" braucht, der immer wieder das Thema Vertrauen adressiert, ist durchaus eine Überlegung wert. Eine Person mehr im Projektteam erhöht die Kosten. In der innerbetrieblichen Projektkommunikation und beim Angehen von potenziellen Hemmnissen kann eine solche Person allerdings wichtige Impulse setzen, um dazu beizutragen, dass das Projekt gerade an diesen „Klippen" nicht zerschellt. Die Funktion „Trustholder" (intern oder extern) sollte unabhängig sein, einen betriebswirtschaftlichen und psychologischen Hintergrund aufweisen und das Thema Vertrauen in Projektteams immer wieder neu adressieren.

2. Change wirken lassen

„Panta rhei – Alles fließt" oder „Die einzige Konstante ist die Veränderung". Beide Ansätze halte ich für wenig hilfreich, wenn es um die Entwicklung von Unternehmen und den Erfolg von Veränderungsprojekten geht. Peter Kruse (2008) sieht Change Management nicht als kontinuierlichen Zustand, sondern als den Übergang von einem stabilen Ordnungsmuster in ein anderes. Change Management ist eine Störung des Systems, um ein günstigeres, den Anforderungen angepasstes Ordnungsmuster zu schaffen. Ich zitiere: „In einer Firma sollte die Bereitschaft bestehen, sich von einem stabilen System über eine krisenhafte Störung zu einem neuen stabilen Zustand zu bewegen. Das Ziel ist aber immer das stabile Funktionieren auf einer Ordnungsebene und nicht das andauernde Driften zwischen Ordnungszuständen." Es gilt allen Stakeholdern und Betroffenen Zeit zu geben, sich an neue Situationen und Arbeitsweisen anzupassen und gegebenenfalls neue Kompetenzanforderungen durch Schulungen zu befriedigen. Erst das zeitlich langsame Wirken ermöglicht die tiefe Durchdringung des Unternehmens durch die Veränderungen. Des Weiteren erkennt die Belegschaft nur dann die positiven Auswirkungen einer Veränderung, wenn diese eben Zeit bekommt zu wirken. Sie werden sicher zustimmen: Auch jede pharmazeutische Salbe braucht eine gewisse Einwirkzeit, um die volle Wirkung zu entfalten.

Fazit
Die Umsetzung eines vertrauensorientierten Change Managements ist die Voraussetzung für erfolgreiche Veränderungsprozesse; dies betrifft neben Software- und Technologieprojekten besonders auch Struktur-, Reorganisations- und Automatisierungsprojekte. Ich glaube fest an die positive Wirkung von Vertrauen im Veränderungsprozess und denke, einen Leistungsabsturz wie in der obigen Grafik dargestellt muss es in der Realität nicht geben – und er sollte auf keinen Fall als normal und unabwendbar eingeplant werden. Es gilt die Ressourcen in die Vermeidung des Leistungsabfalls anstatt in Maßnahmen zu investieren, um aus dem „Tal der Tränen" herauszukommen. Der zu beschreitende Weg hält zwei Etappen bereit: zum einen die Aufforderung, möglichst früh Vertrauen bzw. eine Vertrauenskultur (siehe Abschn. 4.3) aufzubauen, und zum anderen, der neuen Software, den neuen Prozessen und den implementierten Veränderungen Zeit zu geben, ihre Wirkung zu entfalten. Der Ansatz „Panta rhei – Alles fließt" ist hierbei wenig hilfreich.

2.2 Kann Systemvertrauen gemessen werden?

Die Messung von Systemvertrauen ist durchaus möglich, wobei ich eher von einem Audit sprechen möchte. Audits untersuchen jene Faktoren, die nach wissenschaftlichen Studien die Entstehung von Vertrauen fördern. Das IMO-Vertrauensinventar® des Instituts für Management und Organisation GmbH (Fechtner 2013) ist ein quantitatives Erhebungsinstrument, das es ermöglicht, je nach Fragestellung verschiedene Dimensionen einer Vertrauenskultur zu beleuchten. Grundlage dieses Instruments ist eine Studie der Ruhr-Universität Bochum (IMO-Institut 2013).

In einem Projekt der TU Chemnitz (Bullinger 2013) wurde versucht, die Existenz vertrauensfördernder bzw. vertrauenshemmender Faktoren zu prüfen. Abb. 2.2 gibt die aus verschiedenen Quellen extrahierten wesentlichen Faktoren für die Entwicklung von organisationalem und interpersonalem Vertrauen wieder. Die Abb. 2.3 und 2.4 benennen die in der Studie bestätigten Hypothesen zum interpersonalen und organisationalen Vertrauen.

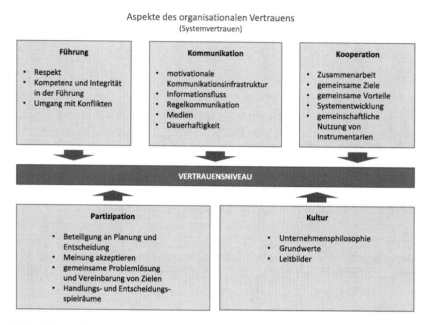

Abb. 2.2 Aspekte des organisationalen Vertrauens (Systemvertrauen). (Quelle: nach Bullinger 2013 in eigener Darstellung)

Das im eigenen Unternehmen entwickelte Screening- und Erhebungsverfahren „WAVE" (WAVE = Wiesbadener Audit zum Systemvertrauen) eignet sich zur Beantwortung von Fragestellungen das Systemvertrauen und das interpersonale Vertrauen betreffend. Es erlaubt zudem Rückschlüsse auf die Veränderungsbereitschaft im Unternehmen. Die in WAVE (Abb. 2.5 und 2.6) genutzten Fragen (Items) leiten sich zum Großteil aus der Studie der Technischen Universität Chemnitz (Bullinger 2013) ab und sind als Aussagen („Ich-Form") formuliert. WAVE liefert spezifische Einschätzungen zu den Bereichen 1) interpersonales Vertrauen (Fokus: direkte Führungskraft), 2) Systemvertrauen und 3) Erfahrungen mit früheren Veränderungsprozessen.

Damit das Audit abgestufte Ergebnisse und damit eine Entwicklung von zeitlich einander folgenden Erhebungen ermöglicht, findet eine vierstufige Likert-Skala (Stimme zu – Stimme eher zu – Stimme eher nicht zu – Stimme nicht zu) Anwendung. Somit ist eine neutrale Entscheidung nicht möglich. Auch wenn dieses Verfahren durch den Zwang zu einer Antworttendenz auf Reaktanz stoßen kann, überwiegen nach Hussy (2010) die Vorteile, da das

Ergebnisse "Hypothesenprüfung" Dimension: Vertrauen im **Team** hinsichtlich **interpersonaler Aspekte**		
Hypothese	**n (Stichprobe)**	**Hypothese bestätigt?**
Vertrauen in einem Team ist umso größer, desto positiver die Vorgesetzten-Mitarbeiterbeziehung ist.	116	JA
Vertrauen ist umso größer, desto besser und umfassender die Kommunikation in einem Team ist.	107	JA
Vertrauen ist umso größer, desto konstruktiver die Kooperation in einem Team ist.	123	JA
Vertrauen ist umso größer, desto umfassender und stärker die Partizipationsmöglichkeiten in einem Team sind.	128	JA
Vertrauen in einem Team ist umso größer, desto stärker die Unternehmenskultur in einem Team gelebt wird.	124	JA

Abb. 2.3 Ergebnisse der Hypothesenprüfung – Team/interpersonale Aspekte. (Quelle: nach Bullinger 2013 in eigener Darstellung)

Ergebnis eine Diskussionsgrundlage ermöglicht. Die Antwortoptionen sind zudem farblich (dunkelgrün, grün, rot dunkelrot) gekennzeichnet. Dies unterstützt den Befragungsteilnehmer bei seiner Auswahl. Zudem gibt es bei jeder Frage die Möglichkeit, mit „Trifft auf mich nicht zu" zu antworten. Dadurch können mittels WAVE alle Mitarbeitergruppen befragt werden, auch wenn für einzelne Beschäftigte ausgewählte Items nicht relevant sind. Trotz der wissenschaftlichen Grundlagen ist WAVE aktuell wissenschaftlich nicht validiert. Derzeit ist geplant, das WAVE-Audit in Zusammenarbeit mit einer Hochschule einer

Ergebnisse "Hypothesenprüfung"		
Dimension: Vertrauen im **Unternehmen** hinsichtlich **intraorganisationaler Aspekte**		
Hypothese	**n** **(Stichprobe)**	**Hypothese bestätigt?**
Vertrauen ist umso größer, desto kompetenter und integrer die Führung eines Unternehmens ist.	77	JA
Vertrauen ist umso größer, desto besser und umfassender die Kommunikation in einem Unternehmen ist.	94	JA
Vertrauen ist umso größer, desto konstruktiver die Kooperation in einem Unternehmen ist.	101	JA
Vertrauen ist umso größer, desto umfassender die Partizipationsmöglichkeiten in einem Unternehmen sind.	96	JA
Vertrauen ist umso größer, desto stärker die Unternehmenskultur gelebt wird.	108	JA

Abb. 2.4 Ergebnisse der Hypothesenprüfung – Unternehmen/intraorganisationale Aspekte. (Quelle: nach Bullinger 2013 in eigener Darstellung)

Validierungsstudie zu unterziehen. WAVE kann nach Zertifizierung und Autorisierung durch den Entwickler (Rechteinhaber: Dr. W. Schön, Autor) von Unternehmen in Eigenregie verwendet werden. Daneben bietet der Autor entsprechende Beratungsprodukte bzw. die Projektbegleitung an.

Fazit

Die Messung von system- und interpersonalem Vertrauen ist möglich. Mit WAVE® der DSC Healthcare Managementberatung und dem IMO-Vertrauens-inventar® des Instituts für Management und Organisation GmbH (Fechtner

Orientierungsfragebogen zum Thema Vertrauen im Veränderungsprozessen (IT, Change) WAVE - Wiesbadener Audit zum Systemvertrauen (Seite-1)					
ALLE FRAGEN BEZIEHEN SICH AUSSCHLIESSLICH AUF IHR AKTUELLES UNTERNEHMEN	Stimme nicht zu	Stimme eher nicht zu	Stimme eher zu	Stimme zu	Trifft auf mich nicht zu
Meine Führungskraft informiert mich selten offen und transparent.	O	O	O	O	O
Ich spüre von meiner Führungskraft häufig zu wenig Interesse an meiner Person.	O	O	O	O	O
Ich erfahre von meiner Führungskraft zu wenig Wertschätzung und Respekt.	O	O	O	O	O
Ich habe häufig das Gefühl, mich gegenüber meiner Führungskraft verteidigen und rechtfertigen zu müssen.	O	O	O	O	O
Es kommt häufig vor, dass meine Führungskraft Vertraulichkeit nicht einhält und wenig zuverlässig ist.	O	O	O	O	O
Es wird im Unternehmen zu viel kontrolliert.	O	O	O	O	O
Zusagen werden im Unternehmen nur selten eingehalten.	O	O	O	O	O
Ich würde unser Unternehmen nicht als vertrauensorientiert beschreiben.	O	O	O	O	O
Im Unternehmen wird zu wenig umfassend und offen kommuniziert.	O	O	O	O	O
Unsere Unternehmenskultur ist nicht durch Kooperation und Beteiligung geprägt.	O	O	O	O	O
Über Ziele und Konsequenzen einer Veränderung oder eines Projektes wurde selten umfassend und ehrlich informiert.	O	O	O	O	O
Die positiven Effekte von Veränderung und Projekten wurden häufig überschätzt.	O	O	O	O	O
Es kam in der Vergangenheit häufig vor, dass ich als Betroffene/r eines Projektes oder einer Veränderung nicht wusste, wo das Projekt steht. Es gab zu wenig Transparenz.	O	O	O	O	O
Es kommt häufig vor, dass ich als Betroffene/r von Projekten nicht mitwirken konnte (Es gibt zu wenig Beteiligung).	O	O	O	O	O
In Veränderungsprozessen und Projekten wird nur selten auf Ängste von Betroffenen reagiert.	O	O	O	O	O

Abb. 2.5 Orientierungsfragebogen „WAVE" (Teil 1). Alle Rechte liegen bei Dr. W. Schön, DSC Healthcare Managementberatung. (Quelle: in eigener Darstellung)

2013) wurden zwei Ansätze vorgestellt, die spezifische Einschätzungen zu den Bereichen interpersonales Vertrauen, Systemvertrauen und Veränderungsbereitschaft bzw. Erfahrungen mit früheren Veränderungsprozessen liefern. Die Anwendung ist durchaus einfach, für eine möglichst unvoreingenommene Interpretation der Audit-Ergebnisse empfiehlt sich aber dennoch das Einbeziehen externer Spezialisten.

		Hoches Vertrauen	Mittleres Vertrauen	Niedriges Vertrauen	Kein Vertrauen	Trifft aus mich nicht zu
X1	Bitte bewerten Sie, unter Berücksichtigung aller Umstände, das Ausmaß Ihres Vertrauens zu Ihrem Unternehmen und der Geschäftsleitung ?	Hohes ○ Vertrauen	Mittleres ○ Vertrauen	Niedriges ○ Vertrauen	Kein ○ Vertrauen	Trifft auf ○ mich nicht zu
X2	Bitte bewerten Sie, unter Berücksichtigung aller Umstände, das Ausmaß Ihres Vertrauens zu Ihrer persönlichen Führungskraft?	Hohes ○ Vertrauen	Mittleres ○ Vertrauen	Niedriges ○ Vertrauen	Kein ○ Vertrauen	Trifft auf ○ mich nicht zu
X3	Bitte bewerten Sie, unter Berücksichtigung aller Umstände, die in ihrem Unternehmen erlebten Veränderungsprozesse (Einführung neuer Software, Kulturprozesse) ?	Sehr ○ Positiv	Eher ○ Positiv	Eher ○ Negativ	Sehr ○ Negativ	Trifft auf ○ mich nicht zu

Orientierungsfragebogen zum Thema Vertrauen im Veränderungsprozessen (IT, Change)

WAVE - Wiesbadener Audit zum Systemvertrauen (Seite-2)

Abb. 2.6 Orientierungsfragebogen „WAVE" (Teil 2). Alle Rechte liegen bei Dr. W. Schön, DSC Healthcare Managementberatung. (Quelle: in eigener Darstellung)

Die Physik des Vertrauens

3

Wie entsteht Vertrauen? Genau dies beschreibt der Autor in diesem Kapitel und nutzt dabei – als Physiker – natürlich die Analogie zur Physik und zu physikalischen Kraftfeldern. Vertrauen entsteht, wenn mindestens eines von sieben Kraftfeldern durch das unternehmerische Handeln, die Führungskräfte oder eben auch durch das Projektmanagement aktiviert wird. Kompetenz, das Vertrauen in sich selbst, Wertschätzung, das Zeigen von Interesse, der Umgang mit Information, Respekt und das gemeinsame Erleben sind genau diese sieben Kraftfelder. Sie alle tragen dazu bei, ein stabiles Vertrauensverhältnis entstehen zu lassen, die persönliche Wirkung als Projektleiter zu steigern und letztendlich Projekte und Veränderungsprozesse vertrauensorientiert zum Erfolg zu führen.

3.1 Wie entsteht Vertrauen?

„Ohne Vertrauen gäbe es keine Kooperationen, keine Verhandlungen zwischen Staaten, keine Handelsgeschäfte, keine Beziehung zwischen Arzt und Patient, zwischen Partnern oder Eltern und Kindern. Kurz: Ein menschliches Miteinander wäre schlichtweg unmöglich", so schreibt es Fanny Jiménez (2011) in dem 2011 erschienenen Artikel „Vertrauen ist der Klebstoff des Gesellschaft".

Vertrauen ist auch eine zentrale Schlüsselkompetenz erfolgreicher Unternehmen. Dies bezieht sich auf nahezu alle Bereiche des unternehmerischen Handelns. Im Vertrieb geht ohne Vertrauen aus meiner Sicht nichts, denn es ist das Bindeglied, das eine stabile Geschäftsbeziehung ermöglicht. Durch echtes Interesse an der Kundensituation und einen respektvollen Umgang mit den Kundenwünschen wird die Basis für einen erfolgreichen Verkaufsabschluss gelegt. Im Führungskontext geht es ebenfalls um das Managen von Beziehungen

© Der/die Herausgeber bzw. der/die Autor(en), exklusiv lizenziert durch Springer Fachmedien Wiesbaden GmbH, ein Teil von Springer Nature 2020
W. Schön, *Vertrauensorientiertes Projektmanagement*, essentials,
https://doi.org/10.1007/978-3-658-30618-2_3

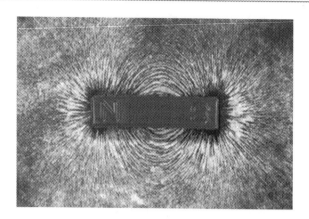

Abb. 3.1 Kraftfeld eines Stabmagneten, sichtbar durch die Verwendung von Eisen-pulver. (Bildquelle: Verwendung mit freundlicher Genehmigung der Anulf Betzold GmbH, Ellwangen)

kombiniert mit der Erledigung von Aufgaben. Letztendlich sind eine erfolg-reiche Führung und Zusammenarbeit nicht ohne Respekt, gegenseitiges Interesse und Wertschätzung möglich – und genau diese Faktoren sind für das Entstehen von Vertrauen verantwortlich. Wie in den vorherigen Kapiteln erläutert, ist die Fähigkeit, Vertrauen aufzubauen, eine Schlüsselkompetenz für die erfolgreiche Gestaltung von Veränderungs- und IT-Projekten. Doch wie entsteht Vertrauen bzw. welche Aspekte sind dafür konkret entscheidend?

Ich beschreibe das Entstehen von Vertrauen gerne in Analogie zu physikalischen Kraftfeldern, die zwischen zwei wechselwirkenden Körpern wirken. Dabei steht der Begriff „wechselwirkende Körper" für Menschen, Gruppen, Organisationen, Staaten und Systeme (Abb. 3.1).

3.2   Die Formel – die Kraftfelder

Im Bild „**Die Physik des Vertrauens**" existieren insgesamt sieben Kraftfelder, die zwischen den genannten Partnern wirken und in der Lage sind, Vertrauen entstehen zu lassen. Das Bild der Kraftfelder habe ich aus einem plausiblen Grund gewählt: Ein physikalisches Kraftfeld ist ein Feld, dessen Feldstärke auf einen Probekörper eine Kraft ausübt und damit eine Wirkung auf diesen erzeugt. Denken Sie an den Stabmagneten im Physikunterricht. Streute man Eisenpulver um die Pole des Magneten, wurden die Feldlinien sichtbar (Abb. 3.1). Auf das

Abb. 3.2 Die Physik des
Vertrauens – 7 Kraftfelder,
die Vertrauen entstehen
lassen. (Quelle: in eigener
Darstellung)

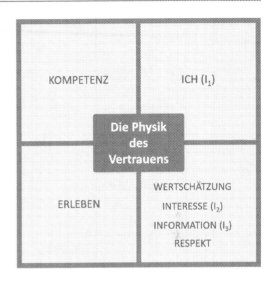

Eisenpulver wirkt das magnetische Kraftfeld, und die Minimagnete im Eisen richten sich entsprechend aus. Letztendlich funktioniert dies genauso auch in einer zwischenmenschlichen Begegnung: Kommen zwei Menschen zusammen, entsteht durch die Art des Handeln und Kommunizierens eine Wirkung aufeinander. Wenn die sieben verschiedenen Kraftfelder durch das persönliche Verhalten aktiviert werden, kann zunächst Vertrautheit und dann im nächsten Schritt Vertrauen entstehen. Abb. 3.2 visualisiert die sieben Kraftfelder, während die Formel diese in Bezug zueinander setzt. Die Strukturierung der Grafik findet ihren Ursprung in der Unterschiedlichkeit der Prozesse, unter denen die Kraftfelder wirken.

$$V \sim K + [I_1 \cdot (W \cdot I_2 \cdot I_3 \cdot R \cdot E)]^5$$

V = Vertrauen
K = Kompetenz (fachlich-methodisch)
I_1 = Ich – Ich vertraue mir selbst
W = Wertschätzung
I_2 = Interesse
I_3 = Information & Transparenz
R = Respekt
E = Erleben & Erlebnisse

Kompetenz bildet sich auf der Basis individuellen Wissens und individueller Fähigkeiten. Das **Ich** entsteht aus der Interaktion mit sich selbst. Die Kraftfelder **Wertschätzung, Interesse, Informationen/Transparenz** und **Respekt** entstehen und wirken demgegenüber fast ausschließlich in der direkten Interaktion mit anderen Menschen. Das Kraftfeld **Erleben und Erlebnisse** bezieht sich auf die Situation und das Umfeld, in dem ein Kontakt stattfindet.

Kompetenz (K)

Im Zusammenhang mit dem Thema Vertrauen betrachte ich die Kompetenz nicht in Bezug auf Zuständigkeiten und Befugnisse, sondern auf fachlich-methodische, wissenschaftliche oder kommunikativ-soziale Fähigkeiten. In unserer Kultur haben gerade die fachlich-methodischen Kompetenzen nach wie vor einen sehr hohen Stellenwert in der Beurteilung eines Menschen. Hohe Kompetenz heißt, angesehen und respektiert zu werden. Wir sind bereit, Menschen mit hoher Kompetenz Vertrauen zu schenken, auch dann, wenn wir die jeweilige Person überhaupt nicht kennen. Haben Sie Ihren Piloten beim letzten Flug in den Urlaub kennengelernt? Nein, und trotzdem haben Sie ihm Ihre ganze Familie anvertraut. Sie vertrauten der Airline und deren gutem Ausbildungsprogramm, kurz der angenommenen Kompetenz. Wir vertrauen auch Wissenschaftlern bzw. Virologen und der Organisation Robert-Koch-Institut, die uns mit der ausgewiesenen Kompetenz durch die Covid-19-Krise geführt haben. Dies war ein Paradebeispiel für die Korrelation zwischen Kompetenz und Vertrauen, und es ist auch klar geworden, dass eine fachlich-methodische Kompetenz ohne jegliche soziale und interpersonale Fähigkeit Vertrauen entstehen lassen kann. Deshalb steht in der obigen Formel ein Plus-Zeichen zwischen der Kompetenz (K) und den übrigen Faktoren. Ohne die Aktivierung interpersonaler Kraftfelder bleibt das Ausmaß des Vertrauens aber immer limitiert.

Ich vertraue mir selbst (I_1)

Das Kraftfeld „Ich vertraue mir selbst" (IVMS) ist ebenfalls, wie die Kompetenz, zunächst ein intrinsisch aktiviertes Feld. Wenn man sich Dinge vornimmt und diese auch wirklich zum Abschluss führt, hat man ein gutes Gefühl. „Gesagt – getan!" Durch diese Erfahrung baut sich etwas sehr Wichtiges auf: das Vertrauen in sich selbst. Sportler kennen dies sicher. Man trainiert einen bestimmten Bewegungsablauf, wie zum Beispiel die Rückhand im Tennis. Wieder und wieder spielt der Trainer den Ball entsprechend zu. Mit seinen ergänzenden Beschreibungen, Tipps und Korrekturen wird die Rückhand immer besser, man entwickelt sukzessive ein gutes Vertrauen in diesen Schlag und setzt ihn selbstbewusst im nächsten Turniermatch ein. Nach einem potenziellen Sieg könnte es im anschließenden Interview lauten: „Ich hatte ein tiefes Vertrauen zu meiner Rückhand, und deshalb war alles ganz leicht." Doch wirkt dieses „IVMS" nur auf mich? Nein, mitnichten. Es wirkt zum einen zurück auf einen selbst, denn wenn man sich selbst vertrauen kann – menschlich, mental und in Bezug auf die eigenen Fähigkeiten und das eigene Handeln –, dann entsteht Selbstvertrauen, denn man macht positive Erfahrungen mit sich selbst. Zusätzlich wirkt noch ein dritter Rückkopplungszweig: Nach Luhmann (2014) ist das „sich selbst vertrauen" eine Bedingung für die Bereitschaft, anderen Menschen vertrauen zu können. Das bedeutet, dass man durch die positiven Erfahrungen mit sich selbst positive Erfahrungen mit Vertrauen macht und deshalb bereit ist, auch anderen Menschen zu vertrauen (Abb. 3.3). Das nehmen die „Vertrauensnehmer" wahr und schenken dem „Vertrauensgeber" als Reaktion wiederum ihr Vertrauen. Es entsteht eine positive Spirale innerhalb der eigenen Person und in Wechselwirkung mit dem Umfeld.

Zurück zur Formel: Ohne „Vertrauen in sich selbst" ist eine Entwicklung von Vertrauen bei anderen schwierig, wenn nicht sogar unmöglich. Deshalb ist der Faktor I_1 ein Multiplikator im zweiten Summanden. Durch den intrinsischen Ausgangspunkt steht das I_1 aber vor der runden Klammer.

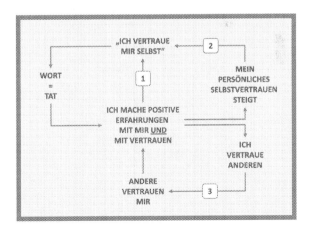

Abb. 3.3 Wirkmechanismen des Kraftfeldes „Ich vertraue mir selbst". (Quelle: eigene Darstellung)

Wertschätzung (W)

Gelebte Wertschätzung basiert auf einem positiven Menschenbild und einer positiven Denkweise im Umgang und in der Bewertung anderer Menschen. Es ist verbunden mit Wohlwollen, Respekt, Zugewandtheit, Würdigung, Aufmerksamkeit sowie einer unvoreingenommenen Freundlichkeit und liefert deshalb einen positiven Rahmen menschlicher Beziehung. Wertschätzende Kommunikation geht immer vom Positiven aus, adressiert zwar Positives und Negatives gleichermaßen, verzichtet aber auf eine aggressive, sarkastische, herausfordernde oder anklagende Wortwahl und abwertende Gesten. Echte Wertschätzung ist geprägt durch die folgenden Aspekte:

- positives Menschenbild leben
- Menschen wahrnehmen
- Menschen gut aussehen lassen
- Leistungen und Beiträge explizit benennen
- Gefühle wahrnehmen – empathisch sein
- wertschätzend kommunizieren
- gewaltfreie Kommunikation leben
- Verantwortung übernehmen

Wertschätzung verzichtet auf Arroganz, auf Überheblichkeit und wertschätzt jeden Beitrag eines Mitmenschen. In Veränderungsprozessen und Projekten bedeutet Wertschätzung auch, das Informationslevel im Unternehmen und in der Gruppe der Betroffenen auf einem hohen Niveau zu realisieren (siehe I_3 – Information und Transparenz). Wertschätzung gilt es gerade in Projekten auch den Kritikern einer Sache oder eines Ansatzes entgegenzubringen. Vermeintliche Blockierer, Kritiker und Bedenkenträger werden in einer wertschätzenden, vertrauensorientierten Kultur nicht ausgegrenzt, sondern aktiv in Projekte und Diskussionen einbezogen. Die damit verbundene Wertschätzung bewirkt, dass Bedenken und Ängste frühzeitig in ein Projekt einfließen können und entsprechend in der Umsetzungsplanung Berücksichtigung finden.

Gelebte Wertschätzung führt dazu, die Akzeptanz und das Vertrauen in ein Projekt, in die handelnden Projektleiter und das Unternehmen als übergeordnete Verantwortliche der Veränderung oder des Projektes auf ein hohes Niveau zu heben, und trägt damit zum Erfolg bei.

Interesse (I_2)

Echtes Interesse an Menschen aktiviert ein sehr starkes Kraftfeld. Hört man zu und lässt andere ausreden, nimmt man Bezug auf das Gesagte und fragt nach, dann wird echtes Interesse signalisiert, und Vertrauen kann entstehen. Vertrauen lebt von der Verlagerung des Interesses weg von der persönlichen Ego-Fokussierung, hin zu den Bedürfnissen der Interaktionspartner. In einem von Interesse geprägten Austausch lernt man die Meinungen, Sichtweisen, Erlebnisse und Erfahrungen eines Gesprächspartners kennen. Damit eröffnet sich ein gutes Verständnis der Situation und der Herausforderungen des Gegenübers, und es entsteht die Chance, dass sich die Qualität der Beziehung deutlich steigert. Ohne Interesse an anderen Menschen, Kollegen und den Betroffenen limitiert man die persönliche Wirkung ebenso wie die Entstehung von Vertrauen, und man vergibt die Chance, das Projekt und den Veränderungsprozess auf eine breite Vertrauensbasis zu stellen. Aufgrund dieses Zusammenhangs ist der Faktor I_2 ein Multiplikator im zweiten Summanden.

Information & Transparenz (I_3)

Wenn Menschen nicht gut informiert sind, wenn sie nicht wissen, was vor sich geht und was hinter verschlossenen Türen diskutiert wird, entwickeln sie Misstrauen und fühlen sich psychisch belastet. Dies ist auch ein Ergebnis vieler von meiner Beratungsgesellschaft in Unternehmen durchgeführten „Gefährdungsbeurteilungen psychischer Belastungen". Es gilt deshalb Beteiligte, Betroffene von Projekten und Veränderungsprozessen früh und umfassend zu informieren und einzubinden.

Das Herstellen von Transparenz und das Sichern einer hohen Qualität des Informationsflusses haben gerade in Projekten, in der Führungskommunikation und in der Gruppendynamik beträchtlichen Einfluss auf das Gelingen zwischenmenschlicher Kommunikation. Transparenz, Information und Beteiligung von Stakeholdern oder Betroffenen in Projekten und Veränderungsprozessen sind essenziell für das Aktivieren dieses Kraftfeldes, damit für das Entstehen von Vertrauen und letztendlich für das Gelingen von Projekten und Veränderungsprozessen. Nicht zuletzt deshalb suchen immer häufiger IT-Verantwortliche (CIOs) die Unterstützung von Business-Relationship-Managern, die dafür sorgen, dass die Abteilung IT ihre Arbeit stärker an den Bedürfnissen und der Situation der Nutzer ausrichtet.

> **„Ansehen und Respekt müssen von selbst kommen; sie sind der Eindruck, den unsere Person auf andere macht." (Jeremias Gotthelf, Schweizer Pfarrer, 1797 bis 1854)**

Respekt (R)

Respekt ist ebenfalls ein sehr starkes Kraftfeld und neben der Wertschätzung der fundamentale Faktor für die Entstehung von Vertrauen. Respekt umfasst eine Vielzahl von Einzelaspekten, gründet aber immer auf zwei Säulen: zum einen die uneingeschränkte Wahrung von Vertraulichkeit sowie die Achtung der Werte und der persönlichen Grenzen anderer Menschen. Die zweite Säule betrifft die eigene Integrität und Berechenbarkeit, die dem Wort Respekt Wirkung verleihen. Und wie beim Vertrauen hat man auch das Entstehen von Respekt nicht selbst in der Hand. Respekt wird einem geschenkt, und zwar auf der Basis des persönlichen Verhaltens und des sich daraus ergebenden Eindrucks im beruflichen und privaten Umfeld. Dazu ein schönes Zitat von Jeremias Gotthelf, einem Schweizer Pfarrer (1797–1854): „Ansehen und Respekt müssen von selbst kommen; sie sind der Eindruck, den unsere Person auf andere macht."

In Bezug auf Change- und IT-Projekte ist die zweite Säule die aus meiner Sicht bedeutendere. Integer heißt ehrlich, zuverlässig und berechenbar zu sein. Die gesetzten Ziele werden vollständig kommuniziert, man tut, was man sagt, und es gibt keine verborgenen Interessen. Zum Kraftfeld Respekt gehört auch der Respekt gegenüber abweichenden Sichtweisen, Meinungen und Wahrnehmungen. Gerade die Meinungen und Ansätze anderer zu hinterfragen bringt Projekte deutlich voran. Und wenn einem die Meinung nicht passt? Zu ergründen, auf welcher Grundlage der Gesprächspartner zu dieser Meinung kommt, ist ein Kernelement einer respektvollen Kommunikation, und nicht selten finden sich interessante neue Ansätze, die das Projekt durchaus bereichern können. Respekt wird durch die folgenden verhaltensorientiert formulierten Aspekte gelebt:

- Grenzen anderer Menschen kennen und respektieren
- Vertraulichkeit und Verschwiegenheit wahren
- Agenda, Meinungen und Wahrnehmungen anderer Menschen respektieren und Bewertungen vermeiden
- Werte anderer Menschen respektieren und eigene Werte praktizieren
- integer, sprich ehrlich und zuverlässig sein

Erleben & Erlebnisse (E)

Vertrauen kann auch durch die Interaktion und im Zusammentreffen von Menschen entstehen. Voraussetzung dafür ist selbstverständlich, dass der Kontakt positiv verlaufen ist. Jeder Kontakt mit einer Person, einer Gruppe oder einer Organisation zahlt sozusagen auf ein virtuelles Vertrauenskonto ein. Verläuft das Zusammentreffen allerdings negativ, so kommt es zu einer Abhebung vom Konto. Drei Aspekte sind bedeutsam: 1) Frequenz, 2) Intensität und 3) Raum/Zeit. Die Frequenz betrifft die Häufigkeit von Begegnungen, die Intensität die inhaltliche und emotionale Tiefe. Raum und Zeit betreffen den Ort des Aufeinandertreffens. Ist der Ort wirklich relevant? Im diskutierten Kontext des Change Managements ist er eher von nachgeordneter Bedeutung. Im Privaten sind die räumliche Abwechslung und dadurch das gemeinsame Erleben erheblich intensiver, wenn die Orte eines Treffens oder eines Austauschs variieren. Ich bin mir sicher, dass in der Covid-19-Krise viele Beschäftigte ihre über Video zugeschalteten Kolleginnen und Kollegen anders wahrgenommen und manchmal auch neu kennengelernt haben. Zudem war plötzlich ein Schlüssellochblick in die private Umgebung möglich.

Je häufiger man sich mit einem Menschen inhaltlich oder emotional austauscht – eine positive Atmosphäre vorausgesetzt –, umso schneller entsteht ein Vertrauensverhältnis. In Projekten ist dieser Aspekt von großer Bedeutung für die Projektkommunikation und -implementierung. Findet demgegenüber die Planung in kleinen, „elitären" Projektteams statt, ist dies kontraproduktiv für den Projekterfolg und widerspricht jedem vertrauensorientierten Ansatz.

Die Formel

Zunächst das Wichtigste: Die benutzte Formel hat keinerlei empirische Grundlage und beschreibt deshalb auch lediglich eine Proportionalität. Der Sinn der Formel besteht darin, die wesentlichen Parameter in Beziehung zueinander zu setzen und damit eine – aus meiner Sicht realistische – Plausibilität darzustellen.

$$V \sim K + [I_1 \cdot (W \cdot I_2 \cdot I_3 \cdot R \cdot E)]^5$$

V = Vertrauen
K = Kompetenz (fachlich-methodisch)
I_1 = Ich – Ich vertraue mir selbst
W = Wertschätzung
I_2 = Interesse
I_3 = Information & Transparenz
R = Respekt
E = Erleben & Erlebnisse

Die Formel ist eine Summe aus zwei Summanden. Dies ist der Tatsache geschuldet, dass schon alleine durch die Aktivierung des Kraftfeldes Kompetenz (K) Vertrauen entstehen kann. Es bedeutet aber auch, dass selbst ohne Kompetenz Vertrauen entstehen kann. Durch den Exponenten „5" bestimmt der zweite Summand im Wesentlichen die Stärke des entstehenden Vertrauens. Der zweite Summand $[I_1 \cdot (W \cdot I_2 \cdot I_3 \cdot R \cdot E)]^5$ ist ein Produkt aus den sechs oben genannten Multiplikatoren.

Call-for-Action

Nehmen Sie Ihren persönlichen Kompass in die Hand und richten Sie sich und Ihre Organisation in Richtung Vertrauensorientierung aus. Dieser Prozess startet mit einem klaren Bekenntnis zu mehr Vertrauen und erfordert die Neuausrichtung des persönlichen Mindsets. In Bezug auf die Projektdurchführung gilt es zwei neue Projektphasen vor das traditionelle „Unfreeze – Move – Refreeze" zu schalten: die Sensibilisierungsphase und die Reflexionsphase.

Als Ergebnis der Auseinandersetzung mit dem Thema und dem Ziel, Projekterfolge zu sichern, beschreibt der Autor die Top-10-Erfolgsfaktoren und damit die wesentlichen Schritte auf dem Weg hin zu einem vertrauensorientierten Change- und Projektmanagement.

4.1 Mindset verändern

Vertrauen ist soziologisch gesehen der Klebstoff der Gesellschaft bzw. des gesellschaftlichen Miteinanders. Zu viele IT- und Change-Projekte scheitern aber genau an diesem Punkt: Es besteht nicht genug Klebstoff in Form von gemeinsamem Interesse für ein Projekt bzw. den Projekterfolg. Ich denke, zunächst gilt es das persönliche „Change-Mindset" oder den „Change-Kompass" auf die folgenden Bezugsgrößen hin auszurichten.

1. Ziele werden an zielgruppenorientierten Nutzenaspekten ausgerichtet!
   Besonders in CRM-Projekten reicht es nicht aus, die Ziele „Touren-planung optimieren", „Prozesse optimieren" und „Beziehungsmanagement optimieren" auszurufen. Es gilt frühestmöglich eine Nutzenbetrachtung aus

© Der/die Herausgeber bzw. der/die Autor(en), exklusiv lizenziert durch
Springer Fachmedien Wiesbaden GmbH, ein Teil von Springer Nature 2020
W. Schön, *Vertrauensorientiertes Projektmanagement*, essentials,
https://doi.org/10.1007/978-3-658-30618-2_4

den Perspektiven jeder Zielgruppe durchzuführen. Wenn eine Gruppe keinen Nutzen erkennt, dann ist das Projekt bereits mit dem Projektstart gefährdet.

2. **Mindset in Richtung Vertrauensorientierung drehen!**
Vertrauen ist als ein wichtiger Faktor des Projekterfolges wahrzunehmen und in das persönliche Agieren und Kommunizieren der Verantwortlichen zu integrieren.

3. **Ein Projekt beginnt deutlich früher als der technische Projektstart!**
Wer sein Projekt mit der Lewin'schen Phase 1 „Unfreeze" (Lewin 1947), beginnt, wird den klassischen Abfall von Leistung und Motivation nicht verhindern können. Die Gefühle Schock, Abwehr, Frustration und Verärgerung über das nächste Projekt, „das mit unseren täglichen Herausforderungen nichts zu tun hat", lähmen das Unternehmen und gefährden den Projekterfolg maßgeblich.

4. **Nach dem Projekt ist vor dem Projekt!**
Das Systemvertrauen und die Motivation, sich einzubringen, werden stark durch die Erfahrungen mit früheren Projekten bestimmt. Ein gutes Beispiel sind Mitarbeiterbefragungen. Wenn die Ergebnisse nach dem Projektabschluss präsentiert und abgeleitete Maßnahmen sichtbar umgesetzt werden, dann wird auch die nächste Mitarbeiterbefragung positiv und motiviert unterstützt.

4.2   Zusätzliche Projektphasen implementieren

Neben dem technischen Fokus (technische Projektdurchführung) ist die Aufmerksamkeit auch auf kulturelle und psychologische Aspekte einer Projektdurchführung zu richten. Das bedeutet, dass ein Projekt, entsprechend dem Change-Modell von Lewin (1947), nicht mit dem „Unfreezing", sondern bereits wesentlich früher startet. Aus meiner Sicht sollten zwei Phasen, nämlich die der „Sensibilisierung" und die der „Reflexion", vorgeschoben werden (Kriegesmann 2013).

[1] Sensibilisierung

In dieser zusätzlichen Phase gilt es die Entscheider und die Mitglieder der Projektgruppe für die Wirkzusammenhänge zwischen Vertrauen und Change-Erfolg zu sensibilisieren und ein vertrauensorientiertes Mindset zu erreichen. Ein Projekt startet dann mit der Erarbeitung des kulturellen Charakters und möglicher kultureller Veränderungen durch das IT- oder Veränderungsprojekt. Auch gilt es in dieser Phase die persönlichen Fähigkeiten zu entwickeln, vertrauensorientiert zu denken, zu handeln und zu informieren. Zeitlich parallel kann die Einbeziehung der Beteiligten und Betroffenen in dieser frühen Phase erfolgen. Eckpunkte sind dabei die Erarbeitung der zielgruppenspezifischen Nutzenaspekte und das Erkennen möglicher emotionaler Hemmnisse im Projekt- und Implementierungsprozess. Besonders für diesen Schritt der Sensibilisierung (Einbeziehung – Nutzenaspekte –Hemmnisse) eignet sich die Nutzung einer strukturell verkürzten „Analyse potenzieller Probleme", ein Verfahren abgeleitet aus der Entscheidungsanalyse:

Schritt 1   Definition Zielgruppe
Schritt 2   Erarbeitung bzw. Identifikation potenzieller Hemmnisse/Probleme/ Bedrohungen, die im Projektablauf und der Implementierung auf- treten können
Schritt 3   Beurteilung der Eintrittswahrscheinlichkeit der potenziellen Hemm- nisse/Probleme/Bedrohungen
Schritt 4   Beurteilung der Tragweite/Wirkung der potenziellen Hemmnisse/ Probleme/Bedrohungen
Schritt 5   Identifikation von möglichen Ursachen
Schritt 6   vorbeugende Maßnahmen zur Reduktion der Eintrittswahrschein- lichkeit bzw. zur Reduktion der Tragweite, je nachdem was der bedeutendere Aspekt ist

2 Reflexion

Die Reflexionsphase dient neben der Rückschau auf vergangene Projekte vor allem der Analyse der Vertrauens- und Veränderungskultur, des Systemvertrauens und der Vertrauenswürdigkeit der Führungskräfte. Dazu können Audits wie zum Beispiel das Wiesbadener Audit zum Systemvertrauen (WAVE®) genutzt werden (siehe Kap. 2).

In einem Change- oder IT-Projekt stehen drei Gruppen im besonderen Fokus, wenn es um die Themen Vertrauen, Vertrauenswürdigkeit und Projekterfolg geht. Dies sind:

1. **das Unternehmen** – als übergeordnete Organisation. Hier ist das Systemver- trauen von Bedeutung.
2. **die Geschäftsleitung.** Deren Verhalten wirkt auf das Systemvertrauen (Geschäftsführer als Amtsträger) und gleichzeitig auf das interpersonale Ver- trauen (Geschäftsführer als Person).
3. **die Projektleitung, das Projektteam.** Deren Verhalten und Kommunikation betreffen eher das interpersonale Vertrauen.

1. Unternehmen: Dimension Systemvertrauen (intraorganisationales Vertrauen)

Das Systemvertrauen bezieht sich auf das Unternehmen und die in der Geschäftsleitung handelnden Personen. Das Systemvertrauen speist sich deshalb auch aus
interpersonalen Aspekten. Auf der Basis des Verhaltensmusters, der getroffenen
Entscheidungen und des gelebten Kommunikationsstils der Geschäftsleitung wird
auf das Gesamtunternehmen abstrahiert. Ein positives Systemvertrauen kann sich
entwickeln, wenn folgende Aspekte im Unternehmen Berücksichtigung finden:

- **Unternehmenskultur anpassen, Werte benennen und offensiv leben**
  Eine vertrauensorientierte Ausrichtung des Unternehmens und des Führungs-
  ansatzes ist nicht nur vor dem Hintergrund agiler Unternehmensstrukturen von
  Bedeutung. Wichtig ist die entschlossene Definition des Wertes „Vertrauens-
  orientierung", das Benennen, welche Denk- und Verhaltensaspekte konkret
  damit verbunden sind und was die Belegschaft von der Geschäftsleitung und
  den Führungskräften diesbezüglich erwarten kann.
- **Offene Kommunikation, Partizipation und Kooperation**
  Ein von offener Kommunikation geprägter Austausch, Interesse am anderen,
  Beteiligung, gegenseitige Wertschätzung, Respekt und Kooperation können als
  Pfeiler einer starken Vertrauensorientierung in der Unternehmenskultur ver-
  ankert werden.
- **Kontrollen abbauen**
  Sowohl alle persönlichen und organisationsbedingten Kontrollen als auch
  persönliche Misstrauensvorbehalte sind zu beseitigen. Kontrollen aufgrund
  regulatorischer Vorgaben sind deutlich wahrnehmbar und verständlich von
  dem Thema „interpersonales Vertrauen" abzugrenzen.
- **Systemvertrauen eruieren**
  Das Eruieren des bestehenden Systemvertrauens kann im Vorfeld eines großen
  Veränderungsprojektes hilfreich für die gesamte Projektplanung sein. Mit
  Audits oder internen Workshops ist es möglich, ein reales Bild der Situation
  zu erschließen.

2. Geschäftsleitung: Dimension interpersonales Vertrauen
Die Geschäftsleitung (GL), sprich der CEO, die Chefin, der Chef steht immer
unter „besonderer" Beobachtung der Mitarbeiterschaft, aber auch im Fokus
der Öffentlichkeit. Ihr Verhalten erzeugt Wirkung in beiden Aspekten der Vertrauensbildung. Zum einen zahlt ihr Verhalten auf das Systemvertrauen ein, zum
anderen entsteht Wirkung in Bezug auf das persönliche, interpersonale Vertrauen.
Wie oben bereits angesprochen wird das „CEO-Verhalten" als Indikator für das

Verhalten des Unternehmens interpretiert und ist deshalb von weitreichender Bedeutung im Unternehmen. Vertrauensbildend wirken folgende Aspekte:

- GL lebt vertrauensorientierte Führung vor und wird damit zum „**Vertrauens-manager**".
- GL ist Taktgeber und **Promotor einer Vertrauenskultur.**
- Integrität, Zuverlässigkeit, Ehrlichkeit sowie das Einhalten von Zusagen sind essenzielle Bestandteile des täglichen Handelns der GL.
- GL realisiert eine offene und transparente **Informationspolitik.**
- Die **Ansprechbarkeit** der GL ist für alle Stakeholder eines Projektes möglich – Kontakte und Nähe werden gesucht bzw. zugelassen.
- GL sichert eine hohe **Qualität und Klarheit** innerhalb der Projekte.
- **Ängste** der Betroffenen werden nicht zuletzt von der GL in das Projektteam getragen.
- Die GL reflektiert kontinuierlich das persönliche Handeln in Bezug auf die Kraftfelder des Vertrauens.

3. Projektteam: Dimension interpersonales Vertrauen
Die Projektleitung und das gesamte Projektteam besitzen große Verantwortung für den Projekterfolg. Dies liegt darin begründet, dass sie durch das persönliche Handeln und Kommunizieren Vertrauen in ihre Person und über diesen Weg Vertrauen für das Projekt aufbauen können. Eine Aufgabe, die nicht immer in ihrer Tragweite als so bedeutsam wahrgenommen wird. Vertrauensbildend wirken folgende Aspekte:

- verborgene Ziele (Hidden Agenda) vermeiden
- Arroganz vermeiden: Arroganz blockiert und vermindert die Bereitschaft, zu vertrauen.
- Ängste und Bedenken nicht bewerten, sondern in das Projekt einbringen
- offene, umfassende, transparente Informationspolitik leben
- gezielte, stabile, kontinuierliche, adressatengerechte und vorausdenkende Kommunikation in Richtung der unterschiedlichen Stakeholder-Gruppen sicherstellen
- Nähe und Kontakt suchen. Gerade als Projektverantwortliche sind die Nähe, der Kontakt und der persönliche Austausch mit Stakeholdern und Betroffenen zu suchen und wertschätzend zu gestalten.
- Als Projektleitung gilt es Ängste von Betroffenen, Beschwerden und Miss-verständnisse aufzunehmen, Feedback proaktiv einzuholen, Mitarbeiter

aller Ebenen einzubeziehen und gewonnene Erkenntnisse konsequent in der Projektplanung zu berücksichtigen.

• Die Projektleiter und das Projektteam reflektieren das persönliche Handeln und Wirken in Bezug auf die sieben Kraftfelder des Vertrauens.

[345] Unfreezing-Moving-Refreezing

Nach der Durchführung der zwei vorgelagerten Projektphasen erfolgt der Einstieg in das klassische „Unfreezing, Moving, Refreezing" (Lewin 1947). Durch die beiden zusätzlichen Schritte sollte erreicht werden, dass der Abfall der Motivation und der Leistung weniger stark verläuft als der in Abb. 4.1 dargestellte. In klassischen, weniger vertrauensorientierten Projekten wird viel Zeit, Geld und Energie in die Rettung von Projekten investiert, um in der Refreezing-Phase noch in die Nähe der gesteckten Ziele zu kommen. Doch die negativen Erfahrungen mit einem Projekt bleiben bei der Belegschaft meist lange haften und belasten schon zu diesem Zeitpunkt das nächste Projekt negativ.

Anders bei einer vertrauensorientierten Projektdurchführung. Natürlich wird hier zusätzliches Geld in die vorgelagerten Phasen investiert – allerdings präventiv. Präventiv im Sinne des Projekterfolges und in Bezug auf die Vermeidung von Vertrauensverlust im Unternehmen. Aus meiner Sicht spielt das Thema „Vertrauen" eine zunehmend wichtig werdende Rolle, und verschiedene Autoren sehen das Thema „Vertrauen" als Erfolgsfaktor für ein gelingendes Projektmanagement.

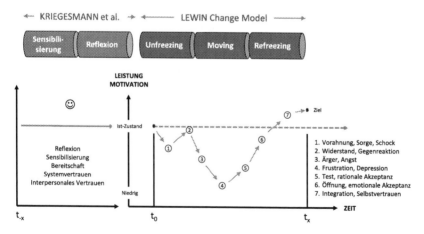

Abb. 4.1 7-Phasen-Modell der Veränderung mit Erweiterungen nach (Lewin 1947) und (Kriegesmann 2013) in eigener Darstellung

Fazit

Wenn es vor dem Hintergrund der Steigerung von Projekterfolgsraten um das Thema Vertrauensbildung geht, kommt man an verschiedenen Aspekten nicht vorbei. Zunächst gilt es das Mindset in Richtung Vertrauensorientierung zu bringen. Es ist dringend angeraten, den bekannten drei Lewin'schen Projektphasen zwei weitere Projektphasen vorzuschalten. In der Phase „Sensibilisierung" werden die Projektverantwortlichen für das Thema sensibilisiert. Die Beteiligten und Betroffenen werden über Diskussionen und Workshops einbezogen und die Kommunikation ihrer Ziele und Nutzenaspekte wird erarbeitet.

In der Reflexionsphase geht es um die Rückschau auf vergangene Projekte und um die innerbetriebliche Analyse der Vertrauens- und Veränderungskultur, des Systemvertrauens und der Vertrauenswürdigkeit der Führungskräfte. Dazu können Audits, wie zum Beispiel das Wiesbadener Audit zum-Systemvertrauen (WAVE®) genutzt werden (siehe Abschn. 2.2).

4.3   Top-10-Erfolgsfaktoren

Gibt es Erfolgsfaktoren auf dem Weg hin zu einem „vertrauensorientierten Projektmanagement"? Ich denke ja. Ich möchte nachfolgend den Versuch wagen, aus den Ausführungen und Erläuterungen der vorangegangenen Kapitel die Top-10-Erfolgsfaktoren zu benennen, die ein vertrauensorientiertes Change- und Projektmanagement umsetzen. Um handlungsorientiert vorzugehen, werden nach der Nennung der Top 10 (siehe Abb. 4.2) die einzelnen Aspekte kurz erläutert.

Abb. 4.2 Top-10-Erfolgsfaktoren eines vertrauensorientierten Projektmanagements. (Quelle: eigene Darstellung)

TOP-10-ERFOLGSFAKTOREN

1. Systemvertrauen eruieren (inkl. Veränderungsbereitschaft im Unternehmen)
2. Vertrauenskultur im Unternehmen etablieren
3. 5 Projektschritte etablieren
4. Ziele und Transparenz (klare, verständlicher Ziele benennen)
5. Kommunikationspolitik etablieren (offen, vollständig, wertschätzend)
6. Partizipation – aller Betroffenen (Arroganz vermeiden)
7. Vertrauenskompetenz aufbauen
8. Ansprechbarkeit der Geschäftsleitung für Stakeholder und Betroffene sichern (Missverständnisse, Feedback, Ängste)
9. Trustholder implementieren
10. Integrität wahren (Zuverlässigkeit, Ehrlichkeit und Einhaltung von Zusagen gewährleisten)

[1] Systemvertrauen eruieren

Das Systemvertrauen betrifft das Vertrauen, das die Mitarbeiterschaft der Organisation entgegenbringt. Es wird geprägt durch die Entscheidungen und das Agieren der Organisation sowie durch das Verhalten und Kommunizieren der Geschäftsleitungsebene, speziell des CEO oder der Geschäftsführer. Das Systemvertrauen ist deshalb so wichtig, weil Erfahrungen aus der Vergangenheit mit einfließen. Wurden in der Vergangenheit Mitarbeiterbefragungen durchgeführt, aber weder Ergebnisse kommuniziert noch Maßnahmen abgeleitet, wirkt dies negativ auf das Systemvertrauen, und die nächsten Befragungen werden von der Belegschaft mit einer geringen Beteiligung „abgestraft". Auch die positiven und negativen Projekterfahrungen der Vergangenheit fließen in das Systemvertrauen mit ein und bewirken ein „Willkommenheißen" oder eben auch einen massiven Widerstand gegenüber neuen Projekten.

Das Eruieren von Systemvertrauen, Veränderungsbereitschaft und interpersonellem Vertrauen ist durch die Verwendung von quantitativen Erhebungsinstrumenten und Audits möglich. Gegebenenfalls kann auch ein Workshop Anhaltspunkte für die Situation bezüglich der Themen Vertrauen und Veränderungsbereitschaft liefern. Aufgrund der notwendigen Neutralität und Unvoreingenommenheit ist eine externe Unterstützung dringend angeraten.

[2] Vertrauenskultur

Analog zur Definition des Begriffs Vertrauen lässt sich auch der Begriff der Vertrauenskultur angehen. Die Vertrauenskultur bezieht sich auf die innerbetriebliche Kommunikation, das Handeln und das Miteinander im Unternehmen, welches durch Berechenbarkeit, ein gemeinsames Interesse und wechselseitiges Vertrauen geprägt ist. Ziel ist ein auf ein gemeinsames Ziel hin orientiertes vertrauensvolles Miteinander, das ohne Misstrauen und Kontrolle funktioniert und somit die zur Verfügung stehenden persönlichen und betrieblichen Ressourcen in die Erreichung der gemeinsamen Ziele und der gemeinsam definierten individuellen Aufgaben investiert. Dadurch ist das innerbetriebliche Agieren durch Eigen- und Gruppenverantwortlichkeit, gegenseitiges Interesse, Respekt und Wertschätzung geprägt. Eine umgesetzte Vertrauenskultur resultiert in einer Beschleunigung von Prozessen bei gleichzeitiger Reduktion der Prozesskosten und einer hohen individuellen Eigenverantwortlichkeit der im Unternehmen agierenden Menschen jeder Hierarchiestufe. In einer solchen Kultur sind das vertrauensgeprägte Individualverhalten und die reale Vertrauenskultur die Schlüsselfaktoren der erfolgreichen Organisation als Ganzes. Wer sich jetzt an das Stichwort „agiles Arbeiten" erinnert fühlt, liegt goldrichtig. Agiles Arbeiten kommt ohne eine ausgeprägte Vertrauenskultur nicht aus.

3 Fünf Projektschritte

Die Notwendigkeit und die Zielsetzungen von fünf Projektschritten wurden in Abschn. 4.2 hinlänglich dargestellt. Deshalb möchte ich es an dieser Stelle bei dem entsprechenden Hinweis belassen.

4 Ziele und Transparenz

Klare und für alle Beteiligten und Betroffenen verständliche Ziele sind das Fundament für die Vertrauensbildung und den Projekterfolg. Wichtig ist auch die Transparenz in Bezug auf den Ablauf und den jeweils aktuellen Status der Projektmeilensteine. In diesem Erfolgsfaktor geht es also eher um den technischen Projektablauf, gepaart mit der Forderung nach uneingeschränkter Transparenz.

5 Kommunikationspolitik

In der Kommunikationspolitik geht es letztendlich auch um Transparenz, aber eben eher in Bezug auf die Art und Weise der Kommunikation in Richtung der Betroffenen und Beteiligten. Die innerbetriebliche Projektkommunikation sollte stets verständlich, offen, wertschätzend und umfassend/vollständig sein. Nutzenaspekte, positive Ausblicke, aber auch aus Sicht der Mitarbeiter „negative Konsequenzen" sollten unmissverständlich und komplett, aber immer wertschätzend und respektvoll kommuniziert werden. Wenn negative Auswirkungen oder technische Kontrollmöglichkeiten, z. B. die Kontrolle der Fahrroute bei CRM-Systemen, Realität sind, dann hat es keinen Sinn, dies zu verschweigen. Diese Funktionalität ist dem Vertriebsteam sowieso bekannt. In einer Vertrauenskultur wird offen über eine solche Möglichkeit informiert und die Handhabung der Informationen genau erläutert. Zum Beispiel könnte eine Betriebsvereinbarung getroffen werden, dass die Daten nicht zur Kontrolle, sondern nur im Notfall Verwendung finden, aber stets nach 48 h systemseitig gelöscht werden. Verborgene Interessen, sogenannte Hidden Agendas, haben in einer Vertrauenskultur keinen Platz.

6 Partizipation

Die Einbeziehung aller Beteiligten und Betroffenen wurde bereits oben diskutiert. In einem vertrauensorientierten Projekt- und Change Management sind die Beteiligung und Einbeziehung der Betroffenen und Beteiligten von entscheidender Bedeutung für den Vertrauensaufbau. Das gilt auch und im Besonderen für Persönlichkeiten, die als Meinungsführer oder auch als die „vermeintlichen Blockierer" wahrgenommen werden. Diese Menschen, die offen ihre Meinung sagen, in ein Projekt zu holen, bedeutet zunächst eine Investition in Zeit, vielleicht auch in Energie. Das frühe und respektvolle Einbeziehen dieser Personengruppen, deren Bedenken, Ideen (Anwendung, Nutzenaspekte), Ansichten und Perspektiven bereichert jedes Projekt, und die Vorabinvestition erhält man in der Implementierungsphase x-fach zurück. Man muss vielleicht etwas Mut haben, vor allem aber Vertrauen leben und sein Misstrauen ablegen.

7 Vertrauenskompetenz

Die Fähigkeit, Vertrauen aufzubauen, ist eine Schlüsselkompetenz erfolgreicher Führungskräfte. Und im Sinne der hier diskutierten Thematik betrifft dies nicht nur das obere Management, sondern alle Personen, die Teams disziplinarisch oder in einer Matrixstruktur führen. Damit ist auch die Projektleitung unmittelbar und das Projektteam mittelbar als Führungskraft anzusehen. Sie führen das Projekt, verantworten die Projektkommunikation mit der Mitarbeiterschaft, den Beteiligten und Betroffenen. Gegebenenfalls führen sie auch externe Dienstleister und andere Gruppen, die an der Umsetzung und Implementierung (z. B. Key-User-Gruppen) beteiligt sind.

Die Herausforderungen sind die Vertrauenspflege, das Gewinnen von Vertrauen sowohl für die eigene Person als auch für das Projekt, den Veränderungsprozess und letztendlich sogar für die Entwicklung der Veränderungsbereitschaft im Unternehmen. Wer jetzt glaubt, dies sei ein „Verkaufsjob", bei dem man lediglich das Projekt beschreiben und bewerben müsste, der irrt. Es geht zunächst um das persönliche Aktivieren der sieben Kraftfelder und um das Entwickeln von Vertrauen in die eigene Person bzw. in die persönliche Projektmanagement-kompetenz. Es gilt die Sinnhaftigkeit der Projektziele und die Richtigkeit der gewählten Vorgehensweise vertrauenswürdig zu transportieren und in Meetings (Situationsanalysen, Workshops etc.) durch die Art des Agieren, Abholens, Einbeziehens eine vertrauenswürdige Atmosphäre zu erzeugen. Wie entsteht Vertrauen? Diese Kompetenz sollte in zeitlich vorgelagerten Maßnahmen (Workshops, Coachings, etc.) entwickelt werden.

[8] Ansprechbarkeit

Das Tagen in kleinen Zirkeln, geschlossenen Kleingruppen und wenig Kommunikation in die Belegschaft sind ebenso toxisch für die Vertrauens-bildung wie die Nichtverfügbarkeit der Top-Führungskräfte in Projekten, Phasen der Kulturveränderung und in Veränderungsprozessen. Es gilt als Erstes die Verfügbarkeit und Ansprechbarkeit für alle Betroffenen und Beteiligten sicherzu-stellen. Mehr noch: Die Projektverantwortlichen sollten die Nähe, den Kontakt und den persönlichen Austausch mit allen Stakeholdern und Betroffenen suchen und wertschätzend gestalten. Ängste von Betroffenen, Beschwerden und Miss-verständnisse müssen aufgenommen, Feedback sollte gegeben und gewonnene Erkenntnisse sollten konsequent in die Projektplanung und -implementierung ein-gebracht werden.

[9] Trustholder

Der Trustholder nimmt eine besondere Rolle im Projektteam ein, in das er fest integriert oder zeitweise als „Experte für vertrauensorientiertes Projekt-management" hinzugezogen wird. Er oder sie schaut auf das Thema Vertrauen, reflektiert „mögliches Missverstehen" von Informationen und Vorgehensweisen und ist letztendlich zuständig dafür, dass die gesamte Projektdurchführung, -kommunikation und -implementierung auf einem vertrauensorientierten Funda-ment ablaufen. Gerade in den zusätzlichen Projektschritten (Sensibilisierung, Reflexion) wird er stark involviert sein. Werden Audits zum Systemvertrauen, dem interpersonalen Vertrauen und der Veränderungsbereitschaft im Unter-nehmen durchgeführt, wird das in die Verantwortlichkeit des Trustholders fallen. Die Rolle Trustholder kann durch eine interne Person oder durch einen externen Experten ausgefüllt werden.

[10] Integrität

Warum hebe ich den Aspekt Integrität, der ja ein vertrauenswirksames Kraftfeld darstellt, als einen der Erfolgsfaktoren hervor? Es ist die große Bedeutung des Wortes „Ehrlichkeit". In Projekten bzw. in der Projektkommunikation prägt die

Ehrlichkeit der Verantwortlichen und der Top-Führungskräfte extrem stark die Entwicklung des Vertrauens und die Projektwahrnehmung in der Organisation. Wird häufig nicht richtig, unvollständig oder gar unehrlich kommuniziert, ist das Projekt im höchsten Maße gefährdet. Zudem ergeben sich Spätwirkungen wie die Fluktuation von Leistungsträgern und eine sinkende Veränderungs- und Teilnahmebereitschaft in nächsten Projekten.

Fazit

Die Berücksichtigung der Top-10-Erfolgsfaktoren eines vertrauensorientierten Projektmanagements wirkt sich positiv auf jedes Projekt aus und trägt der Tatsache Rechnung, dass die meisten technischen und IT-Projekte Kulturprojekte sind, weshalb das Thema Vertrauen explizit Berücksichtigung finden sollte.

Zusammenfassung

5

Vertrauen ist eine Grundvoraussetzung und ein zentrales Merkmal der erfolgreichen Gestaltung von Beziehungen und Interaktionen im geschäftlichen Kontext und damit auch im Projektmanagement.

Im vorliegenden Buch spannt der Autor den Bogen von der ökonomischen Bedeutung von Vertrauen über mögliche Methoden der Erhebung des in einer Organisation herrschenden Systemvertrauens bis hin zu einer praktisch anwendbaren Darstellung, wie Vertrauen entsteht. Das Ganze abgerundet durch strukturierte Handlungsempfehlungen und die Top-10-Erfolgsfaktoren eines vertrauensorientierten Projektmanagements. Richten Sie Ihren Handlungskompass neu aus – es lohnt sich!

Veränderungsprozesse sind für die wirtschaftliche Entwicklung jedes Unternehmens von übergeordneter Bedeutung. Dennoch sind die „Failure Rates" in IT-, Reorganisations- und Veränderungsprojekten bedenklich hoch. Die Gründe für das Scheitern sind vielschichtig, und es steht fest, dass selbst ein handwerklich gutes Projektmanagement heute nicht mehr ausreicht, um ein Projekt sicher zum Erfolg zu führen. Das Thema „Vertrauen" spielt eine zunehmend wichtige Rolle, wenn es um den Erfolg in der Durchführung und Implementierung von Projekten geht.

Vertrauen ist aber auch in anderen Bereichen der Wirtschaft und des unternehmerischen Handelns von Bedeutung. Ich denke dabei besonders an die innerbetriebliche Führungskommunikation und das Beziehungsmanagement im Vertrieb. Vertrauen ist aus meiner Sicht eine Schlüsselkompetenz erfolgreicher Organisationen, erfolgreicher Führungskräfte und erfolgreicher Vertriebsleute.

Die im Ansatz in „Die Physik des Vertrauens" diskutierten Kraftfelder, wie zum Beispiel Interesse, Wertschätzung und Respekt, wirken allesamt, sobald sie

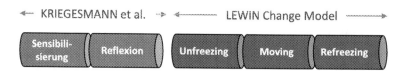

Abb. 5.1 Change-Modell nach Lewin (1947) mit Erweiterung nach Kriegesmann (2013) in eigener Darstellung

aktiviert werden, vertrauensbildend. Die im Buch vorgestellte Formel setzt die wirkenden Kraftfelder in eine Beziehung zueinander.

$$V \sim K + [I_1 \cdot (W \cdot I_2 \cdot I_3 \cdot R \cdot E)]^5$$

V = Vertrauen   **K** = Kompetenz (fachlich-methodisch)

I_1 = Ich – Ich vertraue mir selbst   **W** = Wertschätzung

I_2 = Interesse I_3 = Information & Transparenz

R = Respekt   **E** = Erleben & Erlebnisse

Um die „Failure Rates" in Projekten zu reduzieren, gilt es das Thema Vertrauen als fundamentalen Erfolgsparameter in die Projektplanung und -kommunikation zu integrieren, sich der Etablierung einer Vertrauenskultur im Unternehmen anzunehmen und den „Change-Kompass" auf die Bezugsgröße Vertrauen hin auszurichten. Es wird empfohlen, den drei Lewin'schen Projektphasen zwei weitere Projektphasen vorzuschalten (Abb. 5.1).

In der Phase „Sensibilisierung" werden die Projektverantwortlichen für das Thema sensibilisiert, die Beteiligten und Betroffenen mit einbezogen und die Nutzenaspekte für die verschiedenen Gruppen (Beteiligte, Betroffene, Unternehmen) erarbeitet. In dieser Phase findet auch die Planung vertrauensbildender Maßnahmen statt.

In der Reflexionsphase geht es um die Rückschau auf vergangene Projekte und die innerbetriebliche Analyse der Vertrauens- und Veränderungskultur, des Systemvertrauens und der Vertrauenswürdigkeit der Führungskräfte. Dazu können Audits wie zum Beispiel das Wiesbadener Audit zum Systemvertrauen (WAVE®) genutzt werden.

Die abgeleiteten Top-10-Erfolgsfaktoren auf dem Weg hin zu einem „vertrauensorientierten Projektmanagement" sollen die Häufigkeit gescheiterter Projekte reduzieren und ein vertrauensorientiertes Change- und Projektmanagement umsetzen (Abb. 5.2).

Abb. 5.2 Top-10-Erfolgsfaktoren eines vertrauensorientierten Projektmanagements.
(Quelle: eigene Darstellung)

Unbedingte Voraussetzung für eine erfolgreiche Durchführung von Projekten ist, die hohe Relevanz des Themas Vertrauen auf allen Hierarchie- und Führungsebenen zu erkennen. Die Etablierung einer Vertrauenskultur ist eine große Aufgabe und macht eine Veränderung des Mindsets erforderlich. Aber der Aufwand lohnt, denn das Unternehmen wird schneller, sowohl die innerbetriebliche als auch die Kommunikation mit den Kunden wird effektiver ablaufen und die Durchführung und Implementierung von Projekten werden erfolgreicher vonstattengehen.

Was Sie aus diesem *essential* mitnehmen können

- Das Bewusstsein, welch große Relevanz „Vertrauen" in der Wirtschaft hat und warum Vertrauen die essentielle Basis jeder ökonomischen Beziehung ist.
- Praktische Hinweise wie Vertrauen (Systemvertrauen, interpersonales Vertrauen) „gemessen" werden kann.
- Argumente und Gründe, warum eine ausgeprägte Vertrauenskultur für jedes Projekt ein wichtiger Erfolgsfaktor ist.
- Mehr Sicherheit und Erfolg durch ein vertrauensorientiertes Projektmanagement.
- Kenntnis darüber, wie Vertrauen im Projektablauf und im täglichen Miteinander wertschätzend aufgebaut werden kann.

Literatur

Bullinger, Angelika et al. (2013): Systemvertrauen als betriebliche Ressource. ISBN: 978-3-944192-01-7, Verlag Wissenschaft und Praxis, Berlin

Currall, Steven C.; Judge, Timothy A. (1995): Measuring trust between organizational boundary role persons, in: Organizational Behavior and Human Decisions Processes, No. 64, S. 151–170

Dudenredaktion (2020): „Zuversicht" auf Duden online. URL: https://www.duden.de/rechtschreibung/Zuversicht (Abrufdatum: 16.04.2020)

Edelman GmbH (2020): Edelman Trust Barometer 2020. Download am 27.02.2020 unter: https://www.edelman.de/research/edelman-trust-barometer-2020#top

Fechtner, Harri (2013): Vertrauenskompetenz als Ressource für Veränderungen in Zeiten von Agilität und Digitalisierung (Teil 1/3). Institut für Management und Organisation (IMO), Bochum. Download am 27.01.2020 unter: https://www.imo-bochum.de

Grimm, Robert (2018): Pressemitteilung zur Studie: Vertrauen, Populismus und Politikverdrossenheit. Ipsos Public Affairs. Hamburg. Download am 27.02.2020 unter: https://www.ipsos.com

Hildebrand, Ellie (2015): Top 5 Reasons CRM projects fail. Download am 27.02.2020 unter: https://www.skuid.com/blog/top-5-reasons-crm-projects-fail

Hussy, Walter; Schreier, Margrit; Echterhoff, Gerald (2010): Forschungsmethoden in Psychologie und Sozialwissenschaften. Springer Verlag, Berlin/Heidelberg

IMO-Institut (2013): Das Institut für Management und Organisation (IMO) GmbH war Mitinitiator und Partner des Forschungsprojekts des Bundesministeriums für Bildung und Forschung (BMBF) o. J.: Vertrauens- und Kompetenzmanagement als System zur Balance zwischen Flexibilitäts- und Stabilitätsanforderungen (CCM^2), Förderkennzeichen: 01FH09158, 2009–2013; BMBF-Förderschwerpunkt: „Balance von Flexibilität und Stabilität in einer sich wandelnden Arbeitswelt"; in Verbindung mit den Lehrstühlen für Arbeitsmanagement und Personal (Prof. Dr. Uta Wilkens) und Arbeitsorganisation und Arbeitsgestaltung (Prof. Dr. Heiner Minssen) von der Ruhr-Universität Bochum. Ausgangspunkt des Projekts CCM2 ist die Überlegung, dass ein ineinandergreifendes Vertrauens- und Kompetenzmanagement in der Lage ist, eine Balance aus Flexibilitäts- und Stabilitätserfordernissen herzustellen und auf diese Weise die Innovationsfähigkeit der Unternehmen zu fördern.

Jiménez, Fanny (2011): Vertrauen ist der Klebstoff der Gesellschaft, Download am 16.04.2020 unter: https://www.welt.de/wissenschaft/article12904075/Vertrauen-ist-der-Klebstoff-der-Gesellschaft.html

Jones, Gareth R.; George, Jennifer M. (1998): The experience and evolution of trust: Implications for cooperation and teamwork, in: Academy of Management Review, No. 23, S. 531–546

Kriegesmann, Bernd; Kley Thomas; Lücke, Christina (2013): Vertrauensorientiertes Changemanagement. Herausgeber: IAI e.V. der Ruhr-Universität Bochum. Download am 29.02.2020 unter: https://www.iai-bochum.de

Kruse, Peter (2008): Peter Kruse über Veränderungsmanagement – ein Videobeitrag. Download von YouTube am 27.01.2020 unter: https://www.youtube.com/watch?v=FLFyoT7SJFs

Lewin, Kurt (1947): Gleichgewichte und Veränderungen in der Gruppendynamik. In: Kurt Lewin: Feldtheorie in den Sozialwissenschaften. Ausgewählte theoretische Schriften. Herausgegeben von Dorwin Cartwright. Hans Huber, Bern u. a. 1963, S. 223–270

Luhmann, Niklas (2014): Vertrauen. Ein Mechanismus der Reduktion sozialer Komplexität. 5. Auflage, UVK Verlagsgesellschaft mbH, Konstanz

Nink, Marco (2019): Engagement Index Deutschland 2018. Pressemitteilung der Gallup GmbH, Download am 27.01.2020 unter: https://www.gallup.de

Schön, Wolfram (2020a): Die Physik des Vertrauens – Vertrauen gewinnt immer, Springer Gabler Verlag, 1. Auflage in Veröffentlichung, Wiesbaden

Schön, Wolfram (2020b): Vertrauensorientiertes Change Management – Ohne Vertrauen drohen CRM- und Change-Projekte zu scheitern, Projektmagazin, Ausgabe 10/2020, Berleb Media GmbH, Taufkirchen

WPGS (2020): Vertrauen aufbauen, Misstrauen überwinden: Tipps und Psychologie, Download am 16.04.2020 unter: https://wpgs.de/fachtexte/fuehrung-von-mitarbeitern/vertrauen-aufbauen-misstrauen-ueberwinden-tipps-und-psychologie/

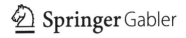

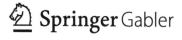

Printed in the United States
By Bookmasters